# 일본군

거의 당시 그대로의 상태로 남아 있는 방진의 위안소 '긴게쓰루(銀月樓)'는 현재 병원이다. 입구 오른쪽에 접수처가 있고, 그 반대편 벽쪽에는 여성들의 사진이 걸려 있다.

중국 산시성 우현을 침공해 온 일본군의 거점이었던 진규사의 야오둥(굴처럼 파서 만든 집)은 항일파를 감금해 고문하던 곳이었다. 여성들에겐 강간을 당하는 장소가 되었다. 1942년부터 44년까지 만애화 씨, 곽희취 씨, 주희향 씨는 이곳에 오랫동안 감금되어 윤간을 당했다.

러시아

헤이허

하이라얼

치치하얼

하얼빈

무단장

창춘
(신징) 지린

선양 푸순 헤산

장자커우 방진

바오터우 베이징 산하이관 다롄

다퉁 톈진 녠방

타이위안스 양취안 스자좡 옌지

린칭 지난 칭다오

정저우 쉬저우

시안 난징 상하이

뤄양 우한 한커우 우창 항저우 다천섬

이창 난창

창사 난세이제도

미치나 구이린 푸저우 타이베이

바오산 난닝 아모이 장화

미얀마(버마) 러시오 광저우 핑둥 미궁 타이완

만달레이 허노이 하이펑 가오슝

메이크틸라 하이커우 라오스

훔통 치앙마이 난아
(셔우) (이평)

양군 하틴 하이난섬
(랑군) 타이 윙수어

칸차나부리 무손섬

안다만제도 반푼 바큐오니 바룸봉

캄보디아 타클라크 앙헬레스

인도 프놈펜 깐란 마닐라 레가스피

모히띠 따오넌 필리핀

니코바르제도 호똔 호찌민
(사이공) 바나이 레이테섬

쿠다트 네그로스섬

송클라 코타바루 코타키나발루 산다칸 민다나오섬 코로르

빈당쳬 베탄 이포 말레이시아 미리 티라판 다바오 팔라우

(카리문)

펜딴 쿠알라룸푸르 브루나이 할마헤라섬

메단 쿠팡 칼리만탄섬 슬라웨시섬 므나도

시볼가 조호르바루 (보르네오섬)

부키팅기 싱가포르 폰티아낙 발릭파판 마카사르

파당 사마린다

수마트라섬 빠당 바지르마신 켄다리

보로부두르 자카르타 세마랑 수라바야 파루아주

수카부미 마젤랑 암본 일본

족자카르타 말랑 발리섬 마카사르 딜리

자바섬 풀로엔섬 동티모르

와이키쿠비스 티모르섬

숨바섬

인도네시아

미나미다이토지마

미야코지마 이시가키지마

오키나와섬 오키다이토지마(라)

대한민국

인천 서울

서귀포 부산 하카타

히로시마 고베 시모노세키P

미야자키

말레이시아 피낭섬에 남아 있는 육군 전용 위안소 터(현재는 통록 호텔). 로잘린 씨는 1943년에 일본군의 트럭에 실려 이곳에 끌려왔다. 50명 정도의 여성 대부분이 중국인으로, 말레이시아인은 서너 명 정도. 위안소 생활은 일본의 패전 때까지 이어졌다.

**wam**
アクティブ・ミュージアム
女たちの戦争と平和資料館
woman's active museum on war and peace

액티브 뮤지엄 '여성들의 전쟁과 평화 자료관'
AVACO Bldg.2F, 2-3-18, Nishi-Waseda Shinjuku, Tokyo 169-0051 Japan
웹판 위안소 지도 http://www.wam-peace.org/ianjo-map/

후원 : 동북아역사재단   2009년 8월 1일

# 안소 지도

일본군은 1931년 만주사변을 시작으로 1937년의 중일전쟁, 1941년의 태평양전쟁, 1945년 8월의 패전에 이르기까지, 침략 및 점령을 했던 아시아 각지와 식민지하에 있던 조선과 타이완 그리고 일본 국내에까지 일본군 장교와 병사를 위한 위안소를 만들어 아시아 각지의 여성들을 성노예로 삼고 강간을 일삼았습니다.

일본군의 성노예가 된 것은 조선, 타이완, 일본의 여성을 비롯해 중국, 필리핀, 인도네시아, 네덜란드, 동티모르, 말레이시아, 타이, 괌, 미얀마(버마), 베트남 등 일본군이 주둔한 아시아 각지의 여성들이었습니다.

이 지도는 피해 여성과 구(舊) 일본 병사, 군 관계자, 마을 주민들의 증언 및 공문서, 군 관계 자료, 군부대 기록물, 전쟁 기록물, 서적 및 재판 자료 등의 간행물을 기초로 하여 일본군이 설치한 위안소(군부대가 전선에서 독자적으로 여성을 납치, 감금, 강간한 사례도 포함)가 있었던 장소를 표시한 것입니다.

— 액티브 뮤지엄 '여성들의 전쟁과 평화 자료관'

가라후토)

스크

지시마열도(쿠릴 열도)

이판섬
안섬

미크로네시아
&폰페이섬
트럭섬

마설제도

중국 난징 시내에서 위안소로 사용되었던 '긴스이루'(가운데 큰 지붕의 건물). 박영심 할머니는 1939년 평양에서 이곳으로 끌려왔다. 여기에도 여성 20여 명이 갇혀 있었다고 한다. 실내 사진은 박영심 할머니가 있었던 2층의 19호실.

푸아뉴기니
캐비엥
라바울 뉴아일랜드섬
부겐빌섬
뉴브리튼섬
솔로몬제도
과달카날섬

## 일본군 최대 침공 라인

* 한국어판은 동북아역사재단의 번역에 의함.
* 나라와 지명 및 국경선은 2008년 현재 기준.
* 현재와 당시의 지명이 다를 경우는 당시의 지명을 괄호 안에 표기함.
* 지명은 현지 발음 표기

사진 제공 : 나카하라 미치코,
니시노 루미코,
노부카와 미쓰코,
후루사와 기요코,
김영

자료 제공 : 동북아역사재단

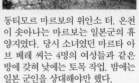

동티모르 마르보의 위안소 터. 온천이 솟아나는 마르보는 일본군의 휴양지였다. 당시 소녀였던 마르타 아브 베레 씨는 4명의 여성들과 같은 방에 갇혀 낮에는 토목 작업. 밤에는 일본 군인을 상대해야만 했다.

● 빨강 : 피해자 증언
○ 파랑 : 병사 증언
□ 노랑 : 공문서, 군 관계 자료
▲ 초록 : 목격 증언, 기타

# Q&A

'위안부' 문제와 식민지 지배 책임

# '위안부' 문제와 식민지 지배 책임

초판 1쇄 발행 • 2016년 4월 7일

엮은이 • 이타가키 류타, 김부자
지은이 • 송연옥, 김부자, 니시노 루미코, 하야시 히로부미, 요시미 요시아키, 양징자, 정영환, 가토 케키,
　　　　오가와라 히로유키, 신창우, 마츠모토 타케노리, 이타가키 류타, 도노무라 마사루,
　　　　요시자와 후미토시, 오카모토 유카
옮긴이 • 배영미, 고영진
기획 • 일본군 '위안부' 문제 웹사이트 제작위원회
펴낸이 • 황규관

펴낸곳 • 도서출판 삶창
출판등록 • 2010년 11월 30일 제2010-000168호
주소 • 04149 서울시 마포구 대흥로 84-6, 302호
전화 • 02-848-3097
팩스 • 02-848-3094
홈페이지 • www. samchang. or. kr

표지 그림 • 윤석남
디자인 • 정하연
인쇄 • 스크린그래픽

Q&A

# '위안부' 문제와
# 식민지 지배 책임

**이타가키 류타, 김부자 엮음**

**배영미, 고영진 옮김**

삶창

요즘은 한국에서도 일본에서도 뭔가 잘 모르는 것에 대한 정보를 찾을 때 대다수의 사람들은 우선 인터넷을 참조합니다. 일본군 '위안부' 문제가 뉴스에 나올 때마다, 혹은 한국과 일본 간의 '역사인식'이 문제될 때마다, 일단 인터넷 검색사이트에 관련검색어를 입력하여 찾아보는 행동이 젊은 세대들을 중심으로 일반화되고 있습니다. 그런데 일본의 경우, 흔히 이용하는 검색사이트에 '위안부', '식민지'와 같은 단어를 넣고 검색해 보면 불분명한 근거로 일본의 역사적 책임을 부정하면서 한국을 비롯한 아시아 각국 및 그곳의 사람들을 우롱하는 듯한 내용의 글들이 모니터를 가득 채웁니다. 이 책의 바탕인 웹사이트 Fight for Justice(fightforjustice.info)는 바로 이러한 상황을 우려하던 일본의 연구자와 활동가들이 2013년 8월에 만들었습니다. 자료적 근거를 명확히 제시하면서도 예비지식이 없는 학생이나 일반 시민들도 손쉽게 접하고 이해할 수 있는 내용을 제공하는 것을 목표로 지금도 콘텐츠를 수시로 갱신하고 있습니다.

그런데 인터넷이 어떠한 정보를 단시간에 검색하고 개요를 파악하기에는 적합한 미디어이긴 하지만, 복잡한 역사적 사실관계를 정확히 그리고 꼼꼼히 이해하기 위해서는 역시 손에 들고 직접 읽을 수 있는 종이 매체가 필요하다는 의견이 Fight for Justice 멤버들 사이에서 나왔습니다. 그래서 Q&A 방식으로 편집한 북릿(Booklet) 시리즈 『Fight for Justice ブックレット』을 출판하게 되었습니다. 이 책의 원본인 『朝鮮人 「慰安婦」と植民地支配責任』은 이 시리즈의 세 번째 책으로, 한국의 해방/일본의 패전으로부터 70년이 된 2015년에 간행되었습니다.

이 책의 특징은, 일본군 '위안부' 문제는 일본에 의한 조선 식민지 지배의 역사에 기인한다는 점에 중점을 두고 독자들의 다양한 '의문점'들을 풀어나갔다는 점입니다. 그리고 모든 글은 다음과 같은 두 가지 비판적 관점으로 쓰였습니다. 첫째, 일본의 역사적 책임에 관한 문제를 단지 아시아·태평양전쟁 때의 '전쟁 책임'으로만 보려는 논조에 대한 비판입니다. 일본에서 역사적 책임을 논할 때 "앞선 대전"이라는 표현이 종종 등장합니다만, 우리가 제대로 알고 비판해야 할 대상이 과연 "앞선 대전"뿐일까요? 이러한 문제의식으로 저희들은 아시아·태평양전쟁 이전부터 계속되고 있었던 일본의 대외 팽창과 식민지주의를 근본적으로 비판하기 위해 '식민지 지배 책임'이라는 관점을 적극적으로 도입하였습니다.

둘째, 조선인 '위안부'의 존재를 전쟁과 여성이라는 일반론으로 환원

해버리는 논조에 대한 비판입니다. 2015년 8월 일본의 아베 신조 총리가 발표한 담화(권말자료 및 Q24 참조)에는 "전쟁 하에서 많은 여성들의 존엄과 명예가 깊이 상처받"았다는 표현이 있습니다. 이 문장과 같이 전쟁과 여성의 인권이라는 개념으로 뭉뚱그려버리는 일반론만으로는, 조선인 여성과 일본인 여성 사이, 그리고 조선인 '위안부'와 일본인 '위안부' 사이에 존재하는 중대한 구조적 차이를 파악할 수 없습니다. 그렇기 때문에 이 책은 일본군 '위안부' 문제를 식민지 역사의 문제로 자리매김하고 젠더와 민족 차별, 나아가 빈부(계급) 격차 등이 서로 복합적으로 얽혀서 작용하는 역사로 그려내고자 노력했습니다.

여기까지가 일본어판을 간행했을 때 집필자들이 생각했던 문제의식이었습니다. 그렇지만 일본군 '위안부' 문제에 대해 신뢰할 수 있는 정보가 턱없이 부족한 것이 일본만의 문제도 아닌 데 반해, 관련 논의 및 활동은 이미 국경을 넘어 전 세계적으로 전개되고 있습니다. 이에 부응하고자 웹사이트 Fight for Justice의 콘텐츠는 일본어뿐 아니라 한국어, 영어, 중국어로도 제공되고 있습니다. 더우기 한국에도 일본군 '위안부' 문제에 처음 관심을 가진 사람들이 접하기 쉬우면서도 역사학적 근거가 명백한 서적은 흔하지 않습니다. 그렇다면 한국에도 이러한 책이 필요하지 않을까 생각하여 일본어판의 마무리 작업을 하면서 한국어로도 번역 출판하기로 결정했습니다.

그런데 한국어판 번역 출판 작업을 진행하던 중 두 가지 큰 사건이 일어났습니다. 하나는 2015년 12월 한국 정부와 일본 정부가 일본군 '위안부' 문제에 대해 "합의"를 한 사건입니다. 이 "합의"는 피해 당사

자들의 마음을 전혀 고려하지 않은 것이었기에, 1990년대 이후 꾸준히 관련 연구 및 활동을 해온 사람들은 도저히 "최종적"이고 "불가역적"인 해결로 받아들일 수 없었습니다. 또 하나는 박유하 교수의 저서 『제국의 위안부』(2013)에 대해서입니다. 조선인 '위안부' 문제는 일본의 조선 식민지 지배의 산물이므로 식민지 지배 책임과 연관시켜 논해야 한다는 것이 이 책의 핵심인데, 이러한 관점에서 『제국의 위안부』를 보면 여러 문제들이 눈에 띄었고, 그럼에도 불구하고 일본의 진보 논자들은 이 책을 높이 평가합니다. 그래서 일본어판에서는 그 문제점들을 짚으면서 비판할 수밖에 없었습니다. 현재 한국에서도 이 책을 둘러싼 심각한 논쟁이 벌어지고 있습니다. 이런 상황에서 그 논점들의 일부를 정리한 저희들 책이 한국에서 나오게 되었으니 우리가 당초 바랐던 것 이상의 의의를 찾을 수 있지 않을까 생각합니다. 다만 여기서는 한국에서 출간된 『제국의 위안부』가 아닌 일본어로 나온 『帝国の慰安婦』에서 인용했음을 양해 부탁드립니다. (그 이유와 두 책의 차이점에 대해서는 칼럼, 「'전후 일본'을 긍정하고픈 욕망과 『제국의 위안부』」 참조).

번역은 우선 배영미 씨(리츠메이칸 대학)와 고영진 씨(도시샤 대학)가 신속 정확하게 번역한 원고를 한국어 독해가 가능한 각 집필자들이 직접 확인, 수정하는 과정을 거쳤습니다. 그리고 이화여자대학교의 정지영 교수가 한국어 번역 출판을 처음 제안하고 출판이 결정되기까지 많은 도움을 주셨습니다. 또한 최근에 일본군 '위안부' 연구회를 만든 이나영 교수(중앙대학교)가 추천사를 써주셨습니다. 김서경, 김운성 두 작가는 〈평화의 소녀상(평화비)〉 건립 지도와 칼럼에 수록된 사진과 자료를 제공해주셨고, 액티브 뮤지엄 〈여성들의 전쟁과 평화자료관〉(wam)은 일본군 위안소 지도 전재를 흔쾌히 승낙해주셨습니다. 표지를 장식한 그림은 주로 과거와 현재의 여성의 역사를 잇는 "내미는 손"을 모티브로 한 작품을 그리는 윤석남 작가의 작품입니다. 표지 그림에는 그 "내미는 손"으로 남성중심주의적, 문서주의적 역사인식에 맞서 사과로 형상된 역사를 따고 있는 듯한 모습이 담겨 있습니다. 마지막으로 녹록지 않은 출판 사정에도 이 책의 의의를 이해해 주시고 열의로써 임해주신 삶창의 황규관 대표에게 깊은 감사를 드립니다. 이 책이 일본군 '위안부' 문제 해결을 위한 국제적 연대를 더욱 굳건히 하는 하나의 계기가 될 수 있기를 간절히 바랍니다.

2016년 2월 17일

# 일본어판 서문

전후 70년을 맞이하는 2015년은 한국의 '식민지 해방 70주년'이기도 합니다. 일본은 청일전쟁 승리의 '대가'로 타이완을 1895년부터 50년 간, 1910년 한국병합으로 한반도를 35년간(러일전쟁을 계기로 한 1905년부터의 보호국 시기를 포함하면 40년간)이라는 오랜 기간에 걸쳐 식민지로 지배했습니다. 그리고 1932년에는 중국 동북의 침략 지역에 괴뢰국가 만주를 세우고 1937년 7월부터 중일 전면전쟁이 시작되자 타이완인과 조선인을 군인·군속, 여자근로정신대를 포함한 노동자, 그리고 '위안부'로 동원했습니다. 그 배경에는 일본의 식민지 지배가 있습니다.

하지만 전후 70년이 지난 현재, 일본 사회는 식민지 지배의 실상을 어느 정도 자각하고 있을까요? 일본에서 전쟁 책임을 논할 때 아시아·태평양전쟁만을 상정하는 경향이 있지만, 적어도 한반도에 중점을 둔다면 청일전쟁과 러일전쟁부터가 조선의 주권을 짓밟은 침략전쟁이었고 이후에도 독립운동을 '토벌'한다는 명목으로 식민지전쟁이 벌어졌다는 사실을 간과해서는 안 됩니다. 일본군 '위안부' 문제 중에서 가장 큰 쟁점이 되고 있는 조선인 '위안부'와 일본의 조선 식민지 지배 책임 문제에 대해, 최근에는 예전과 같은 방식의 역사수정주의가 더욱 활기를 띨 뿐더러 표면적으로는 새롭게 보이는 역사수정주의적 서적까지 일부 지식인과 언론에서 인기를 얻고 있습니다. 이러한 다양한 형태의 역사수정주의는 증언과 자료를 제멋대로 짜깁기해서 조선인 '위안부' 상을 조작함으로써 '위안부' 문제에 대한 일본군과 정부의 책임, 나아가 일본의 식민지 지배 책임까지 부정, 왜곡하고 있습니다. 그 영향은 '위안부' 문제 해결운동에 대한 비난으로까지 번지고 있습니다.

게다가 2015년 8월 14일에 발표된 '전후 70년 아베 담화'는 '식민지 지배와 침략'에 대한 '반성과 사과'를 표명한 무라야마 담화(1995)보다도 후퇴한 내용임이 분명합니다. 아베 담화에 '식민지 지배', '침략', '반성', '사과'라는 키워드가 들어 있기는 하지만 '식민지 지배'와 '침략'의 주어(주체)와 대상이 명확하지 않습니다. "전장의 그늘에는 명예와 존엄에 깊은 상처를 입은 여성들이 있었"다는 문장은 일반론에 지나지 않습니다. 그러므로 아베 담화는 과거 일본의 식민지 지배와 침략 전쟁, '위안부' 등 전시 성폭력에 대한 가해 책임을 얼버무리는 아베 식 역사수정주의의 집대성이라고 할 수 있습니다.

이러한 현실에 맞서기 위해 이 책에서는 식민지 지배 책임이라는 관점에서 조선인 '위안부'(제1부), 식민지 지배의 실태(제2부), 그리고 '위안부' 문제 해결운동을 포함한 식민지 해방 후(제3부)로 나누어, 독자들이 궁금해할 만한 의문에 대해 Q&A 형식으로 알기 쉽게 설명하면서 기초적 사실관계에 대한 지식도 제공하고 있습니다. 또한 심도 있는 이해를 위해 각주에서 소개된 참고문헌을 한번 읽어보시길 권합니다.

각 Q&A 및 칼럼은 관련 전문분야에서 활약하고 있는 조선근현대사 연구자, 일본사 연구자 및 활동가들에게 집필을 의뢰했습니다. 제1부와 제3부는 이 책을 위해 쓴 글이고, 제2부는 일본군 '위안부' 문제 웹사이트 Fight for Justice에 수록된 Q&A를 대폭 가필, 수정한 글입니다. 그리고 집필진 모두가 역사수정주의에 대해 같은 견해를 가지고 있지는 않으므로 집필자 이름을 각각 표기해 두었습니다. 웹사이트와 더불어 이 책이 널리 활용되어 조선인 '위안부'와 식민지 지배 책임에 관한 관심과 이해가 깊어지고 피해자가 바라는 해결에 조금이나마 도움이 되길 진심으로 바랍니다.

2015년 8월 22일
일본군 '위안부' 문제 웹사이트 제작위원회
일본 전쟁책임자료센터 '전쟁과 여성에 대한 폭력' 리서치 액션 센터(VAWW RAC)

# 차 례

한국어판 서문      4

일본어판 서문      9

## 1부 Q&A    조선인 '위안부' 편

Q1   식민지 조선에도 공창제도가 있었는가?   ✳ 송연옥      17

Q2   식민지 조선에서는 정신대과 '위안부'를 혼동했다?   ✳ 김부자      26

    〈인터뷰〉 윤정옥 선생에게 듣는다   ✳ 김부자      36

       { 식민지 조선에서는 '위안부'라는 이름으로의 연행은 없었다 }

Q3   업자가 '인신매매'로 징집, 연행했으니 일본군은 책임이 없다?   ✳ 니시노 루미코      42

Q4   김학순 할머니는 기생학교 출신이니까 피해자가 아니다?   ✳ 송연옥      50

Q5.   문옥주 할머니는 버마에서 부자가 되었다?   ✳ 하야시 히로부미, 요시미 요시아키      58

Q6   조선인 '위안부' 중에 소녀는 적었다?   ✳ 김부자      66

Q7   조선인 '위안부'는 성노예가 아니라 "제국의 위안부"였다?   ✳ 김부자      74

    〈칼럼〉 피해자의 목소리에 귀를 기울이고 있는가?   ✳ 양징자      81

       { 박유하 『제국의 위안부』 비판 }

    〈칼럼〉 '전후 일본'을 긍정하고픈 욕망과 『제국의 위안부」   ✳ 정영환      93

       { 한국어판과 일본어판의 같고 다름은 무엇을 말하는가 }

## 2부 Q&A    역사적 배경 편 : 조선 식민지 지배의 실태

Q8   그때는 조선인도 일본인이었으니 평등했다?   ✳ 가토 케키      103

Q9   한국병합이란 도대체 무엇인가, 또한 유효하며 합법적인가?   ✳ 오가와라 히로유키      110

Q10   식민지 조선은 일본의 한 지방에 불과했다?   ✳ 오가와라 히로유키      116

Q11   식민지하의 조선은 평화로웠다?   ✳ 신창우      122

Q12   일본 덕분에 조선이 풍요로워졌다?   ✳ 마츠모토 타케노리      131

Q13   일본이 조선에 교육과 문자를 보급했다?   ✳ 이타가키 류타      139

Q14   조선인 강제연행은 없었다?   ✳ 도노무라 마사루      146

3부 Q&A  해방 후 편

Q15 김학순 할머니는 왜 90년대에 들어서 '위안부'였음을 밝혔는가? ✳ 김부자          161

Q16 샌프란시스코 강화조약으로 배상문제는 해결됐다? ✳ 이타가키 류타          168

Q17 한일청구권 · 경제협력협정으로 "모두 해결되었다"? ✳ 요시자와 후미토시          176

Q18 왜 한국정부는 지금 '위안부' 문제해결에 발벗고 나서는가? ✳ 정영환          184

Q19 한국의 '위안부' 문제 해결운동은 '반일'이다? ✳ 양징자          191

    〈칼럼〉 〈소녀상〉은 어떻게 만들어졌는가? : 작가 김서경, 김운성의 마음 ✳ 오카모토 유카          198

Q20 피해 여성들은 국민기금을 왜 받아들이지 않았는가? ✳ 양징자          211

Q21 한국 정부는 미군 '위안부'에 관여했는가? ✳ 양징자          219

Q22 헤이트 스피치와 식민지 지배와의 관계는? ✳ 이타가키 류타          226

Q23 일본에게만 식민지 지배 책임을 묻는다? ✳ 이타가키 류타          234

Q24 아베 담화는 무엇이 문제인가? ✳ 이타가키 류타          242

    〈인터뷰〉 한홍구 선생에게 듣는다 ✳ 오카모토 유카          252

        { 자국의 가해 역사를 직시한다 : 사실 인정과 사죄 없는 '화해'는 없다 }


자료

〈전후 50년 무라야마 담화〉 1995년 8월 15일          260

〈전후 70년 아베 담화〉 2015년 8월 14일          262


에필로그

감사를 담아          267

Q & A

# 조선인 '위안부' 편

# 식민지 조선에도
# 공창제도가
# 있었는가?

●

송연옥

## 일본이 식민지에 도입한 공창제도

일본은 식민지 타이완(1895~1945)과 조선(보호국화 1905~1910, 병합 1910~
1945)에 일본 '내지'[1]의 제도를 본떠 근대 공창제[2]를 도입했습니다. 식
민지에 도입된 공창제는 영업 장소의 지정과 격리, 성병 검진의 의무화

---

1 이 시기 일본은 일본 본토를 '내지(內地)', 조선 및 타이완 등의 식민지를 '외지(外地)'라고 불렀다.
이 책 전체적으로 식민지 당시에 대해 '일본'이라고 하면 식민지를 포함한 '대일본제국' 전체를 가리
키는 경우도 있기 때문에, 일본 본토만을 가리키기 위해 필요한 경우 '내지'라는 용어를 사용한다.
2 공창제 및 관련 용어에 대해 간략하게 설명하자면 다음과 같다. 공창제란 국가가 여성의 신체와
생활을 구속하고 관리하는 매매춘제도이다. 그리고 유곽은 공식 인가받은 유녀옥(遊女屋, 여성
유녀가 남성 손님을 접대하는 가게)을 치안 유지와 풍기 단속의 목적으로 한곳에 모아놓고 그 주
위를 벽이나 담으로 둘러싼 구획을 말한다. 1872년 '예창기(藝娼妓)해방령'이 공포되어 이듬해
유녀옥은 가시자시키(貸座敷)로, 유녀는 창기로 개칭되었다

등에서는 일본 '내지'의 공창제와 같았습니다. 하지만 창기의 허가 연령은 타이완 16세, 조선 17세로, 일본 '내지'의 허가 연령인 18세보다 낮게 규정되어 있었습니다. 이러한 허가 연령의 차이로 인해 가난한 여성들이 일본 '내지'에서 조선으로, 조선에서 타이완으로 이동하는 경로가 형성되었습니다.

타이완의 공창제 도입은 식민지가 된 직후인 1896년, 타이페이현령(臺北縣令) 갑(甲) 제1호 '가시자시키(貸座敷) 및 창기(娼妓)단속규칙' 제정으로부터 시작됐습니다. 1906년에 일본군이 침공함으로써 타이완총독부의 지배력이 지방에까지 미치게 되었는데, 바로 이 시기에 공창제가 확립되었습니다. 이때, 지역마다 다른 유곽[3] 및 창기 관련 단속 법령으로 인해 발생하는 혼란과 폐해를 시정한다고, 타이완총독부는 '가시자시키 및 창기단속규칙표준', '창기검진 및 치료규칙표준'을 정하여 관련 규칙을 통일시켰습니다. 처음에는 업자도 창기도 '내지'에서 온 일본인들뿐이었지만 1907년에 타이완 유일의 타이완인(人) 유곽 구역이 타이난현에 만들어졌습니다.

---

3  일본어 원문은 가시자시키(貸座敷). 주2과 같이 가시자시키와 유곽은 엄밀히 말하면 다르지만, 편의상 이 글에서는 법령 등의 고유명사를 제외하고는 유곽으로 통일했다. (번역자 주)

1905년경으로 추정되는 인천 시키시마(敷島, 현 신흥동)의 유곽. 왼쪽 건물은 일본군 주둔지

## 조선 식민지화와 유곽 출현 그리고 전개 양상

1876년 개항 직후 조선에 사는 일본인 남성을 대상으로 한 유곽이 개항장인 부산과 원산에 만들어졌고 일본영사관이 일본 '내지'의 단속 규칙을 적용하여 관리하고 있었습니다. 그런데 1883년 인천 개항 후 일본과 청 이외에 미국 및 유럽 각국의 영사관도 개설되자, 일본외무성은 서양 국가들에게 일본의 체면을 세우기 위해 공창제를 반대하기 시작했습니다. 이후 공창제를 둘러싸고 반대하는 외무성과 존속시키려는 인천의 일본영사관의 의견이 대립했습니다. 그 결과 실상을 쉬이 알 수 없도록 유곽은 '요리점', 창기는 '예기(藝妓)' 혹은 '작부'라고 부르는 것으로 타협하게 되었습니다. 이렇게 해서 만들어진 애매한 용어들이 여성들을 속이는 수법으로 이용되기도 했습니다.

부산과 원산에서 신규영업은 금지되었지만 이미 영업하고 있던 업자는 계속 할 수 있었습니다. 외무성과 영사관의 타협으로 유곽을 '요리점'으로 부르게 되었지만, 청일전쟁 무렵부터 유곽과 똑같은 영업을 하는 요리점은 보통 요리점과 구분지어 '특별요리점'이라 불렀습니다. 창기에 대해서도 '제2종 예기' 혹은 '을종(乙種) 예기'라고 하여 일반 '예기'와는 구분지었습니다. 실제적으로는 공창제 확립의 기초가 마련되어 간 것입니다.

자료1은 1902년에 간행된 『韓国案内』[4]라는 책에 실린 광고인데, 당시 요리점으로 위장한 공창제의 실상을 여지없이 보여주고 있습니다. 일본인이 경영하는 요리점의 실체는 조선인 창기를 고용한 유곽이었음을 이 광고를 통해 알 수 있습니다.

러일전쟁 때에는 한반도 북부의 일본군(한국주차군)[5] 기지에 군이 설치와 운영에 관여한, 위안소의 전신이라고 할 수 있는 성(性) 관리 시스템이 존재했습니다. 한국주차군 사령부가 있었던 서울

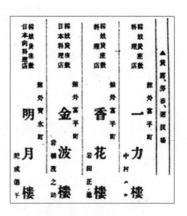

[자료1] 香月源太郎 『韓国案内』(1902)
권말 광고

---

4  香月源太郎, 青木嵩山堂, 1902.
5  韓國駐箚軍, 러일전쟁 때인 1904년, 일본인 보호를 평계로 주둔한 일본군으로 조선군의 전신이다. 사령부는 서울의 대관정(大觀亭, 현 웨스틴조선호텔 인근)에 설치되었다가 1908년에 용산으로 이전되었다.

에서는 '화류병예방규칙', '예기건강진단시행규칙'을 정하여 매춘부의
성병을 철저히 검진함으로써 군인들의 성병을 예방하고자 했습니다.

1905년 보호국화 이후 공창제와 다름없는 성매매 시스템이 조선 각
지의 일본군 기지, 일본인 거류지로 확산되었습니다. 1916년에 조선에
주둔하고 있던 일본군 상설부대의 체제가 정비되었습니다. 바로 이때
조선총독부는, 타이완과 마찬가지로 지역마다 달랐던 유곽 및 창기
단속규칙을 통일시켜 식민지 조선의 공창제를 확립시켰습니다. 그리고

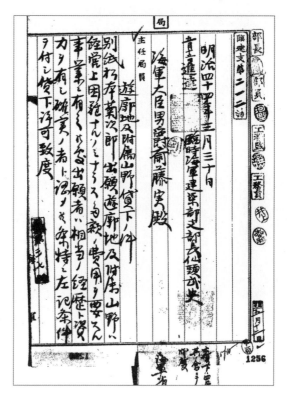

[자료2] 진해 해군기지
에서 해군이 유곽업자에
게 영업할 토지를 대여한
다는 내용의 공문서
海軍省, 『明治四五年~
大正一年 公文備考 鎮
海永興関係書類二三』

관련 용어도 요리점은 유곽, 예기는 창기라는 원래 명칭, 즉 일본 '내지'의 공창제와 같은 명칭을 사용하게 되었습니다. (자료2 공문서 참조)


## 조선의 공창제의 실상과 민족 차별

한국병합 후의 인천 시키시마(敷島, 현 신흥동) 유곽 입구
(1920~1930년대 엽서) (위)
'미도리마치(綠町)'라는 말이 유곽을 지칭하는 일반명사가
될 정도로 유명했던 부산의 미도리마치(綠町) 유곽
(1920~1930년대 엽서) (아래)

하지만 조선의 공창제의 실상은 일본 '내지'와 달랐습니다. 허가 연령뿐만 아니라 단속 규칙의 형식과 내용도 달랐습니다. 일본 '내지'에서는 업자를 대상으로 하는 경시청의 '유곽영업규칙'과 창기를 대상으로 하는 내무성의 '창기단속규칙'을 각각 따로 규정했지만(1900년), 조선에서는 조선총독부 경무총감부령 '유곽창기단속규칙' 하나로 통일시켜, 업자와 창기를 일괄적이고 효율적으로 단속할 수 있도록 했습니

다. 이렇게 업자와 창기에 대한 규칙이 하나로 뭉뚱그려졌기 때문에 조선에서는 일본 '내지'의 '창기단속규칙'에 정해져 있는 창기의 권리조차 보장받지 못했습니다.

예를 들어 일본 '내지'에서는 창기가 일을 그만둘 수 있는 권리=폐창에 관한 내용이 '창기단속규칙'에 포함되어 있었지만, 조선에서는 업자가 영업을 접을 권리=폐업이 '유곽창기단속규칙' 중 업자에 관한 조항에 들어 있었습니다. 그러니까 일본에서는 창기가 폐창의 권리를 가졌지만 조선에서는 창기의 폐창은 안 되고 업자의 폐업만이 가능했던 것입니다. 또한 일본에서는 업자가 눈에 띄는 곳에 단속 규칙을 붙여두어 창기들이 자주 볼 수 있도록 해야 했지만, 조선에는 이러한 규정이 없었습니다. 설령 규정이 있어서 단속규칙이 붙어 있었다 하더라도 한자와 일본어가 뒤섞인 법령문을 대부분의 조선인 창기들은 이해할 수 없었을 것입니다.

식민지 공창제의 목적은 치안 유지, 풍기 단속, 공중위생, 식민지 지배의 경제기반 보완이었습니다. 관할 경찰이 치안 유지를 명목으로 매춘객의 명부 작성과 보관까지 일일이 체크하는 등, 업자에 대한 공권력의 개입과 압력이 '내지'보다 훨씬 철저히 그리고 강하게 작용했습니다.

창기에 대한 민족차별은 폐창의 권리와 같은 법령상의 문제만이 아니라 전차금(前借金)[6]의 금액과 대우 등에서도 나타났습니다. 1929년 평양의 창기 수입을 비교해보면, 평균적으로 조선인 여성의 수입은 일본인 여성의 1/3에 불과했고, 전차금도 1/3에서 1/4정도였다는 보고가 있습니다. 유곽의 창기들은 기본적으로 외출이 금지되어 있었는데, 중일전쟁 발발 후인 1933년에 외출 제한의 일부가 풀렸습니다. 하지만 이마저도 조선에서는 1년 후인 1934년 말이 되어서야 적용되었습니다.


## 공창제에서 '위안부' 제도로

조선인 창기 수는 계속 증가해 1939년에는 조선 내 일본인 창기 수를 넘어섰습니다. 한편 1920년대 초부터 타이완으로 가는 조선인 창기가 늘면서 1930년에는 타이완 내의 조선인 창기가 타이완인 창기보다 많아졌습니다.

중일전쟁 때 타이완에 주둔하던 일본군 부대가 상하이파견군 지휘하로 편입되어 대부분 중국으로 이동하자, 타이완인 창기를 포함한 많은 조선인 여성들이 '위안부'로 타이완에서 중국 화난 지방의 전쟁터에 보내졌습니다.[7]

이것은 일본군이 식민지 공창제를 '위안부' 제도에 적극 활용한 결과이자, 식민지의 공창제와 군대가 강한 유착관계를 맺고 있었음을 말해줍니다. 전장의 '위안부' 제도와 전장이 아닌 곳의 공창제와의 차이도

---

6  전차금이란, 창기가 될 때 장차 일을 해서 갚는다는 조건으로 주로 창기의 부모가 고용주에게 미리 받는 돈인데 높은 이자 때문에 실제로는 모두 갚기가 매우 힘들어 그 일을 그만두기 힘든 족쇄가 된다.

7  (財)女性のためのアジア平和国民基金 編, 『政府調査「従軍慰安婦」関係資料集成』第1巻, 龍溪書舍, 1997.

있지만, 공창제 자체도 지역이나 시기에 따라 달랐습니다. '위안부' 제도와 공창제의 연속성을 간과해서는 식민지 공창제라는 명목하에 자행되었던 조직적 성폭력의 측면을 볼 수 없게 됩니다.

**참고문헌**

早川紀代, 『植民地と戦争責任』, 吉川弘文館, 2005.

宋連玉·金栄, 『軍隊と性暴力ー二〇世紀の朝鮮半島』, 現代史料出版, 2010.

**참고 사이트**

http://www.dce.osakasandai.ac.jp/~funtak/papers/taiwan/index.html

# 식민지 조선에서는
# 정신대와 '위안부'를
# 혼동했다?

●

김
부
자

## '정신대와 위안부의 혼동'은 오용(誤用)인가?

정신대와 '위안부'는 다른 것인데 한국에서는 당시에도 지금도 두 용어를 혼동, 오용하고 있다는 주장이 있습니다. 예를 들어 2014년 8월 5일자 『아사히신문』에 실린 '위안부' 보도 검증기사에서는 1990년대 초 기사에서 "'여자정신대'라는 이름으로 전장에 동원되었다"라는 표현을 쓴 것에 대해,

> 여자정신대는 전시하에서 여성을 군수공장 등으로 동원한 '여자근로정신대'를 가리키는 것으로 위안부와는 전혀 다릅니다. 당시에는 위안부 문제에 관한 연구가 진척되지 않았고 기자가 참고로 한 자료 등에도 위안부와 정신대가 혼동된 채 오용되었습니다.

[자료1] 「御署名原本1944年・勅令第519号・女子挺身勤労令」

라고 하며 "오용"이라고 결론 내렸습니다.

1990년대 후반, 하타 이쿠히코는 "여자정신대와 위안부"는 "전혀 다른 것임에도 불구하고 오랫동안 혼동되는 풍조가 계속되었다"라며, "일본인 여성이 여자정신대라는 이름으로 강제 동원된 것은 전쟁 말기인 1944년 8월부터이며, '여자정신근로령'(8월 23일에 공포, 시행된 칙령 519호)에 의해…… 미혼 여성이 대상이었다"라고 했습니다. 또한 조선에 대해서는 "여자정신근로령도 한반도에는 적용하지 않았다"[1](밑줄은 인용자)라고 서술했습니다.

---

1   秦郁彦, 『慰安婦と戦場の性』, 新潮選書, 1999, 366~369쪽.

최근 박유하도 "'정신대'(=근로정신대) 모집은 전쟁 말기인 1944년부터였다. ……일본에서 행해진 제도", "정신대도 조선에서는 정식으로 모집되지 않았다"라고 하며, 정신대와 '위안부'를 혼동한 것을 "식민지의 '거짓말'"[2]이라고 주장했습니다.

즉, 『아사히신문』은 '위안부'와 정신대를 혼동한 것은 "오용"이라는 결론을, 하타 이쿠히코와 박유하는 '조선에서는 여자정신근로령이 적용되지 않았고 정신대도 모집되지 않았다'는 결론을 내렸습니다. 과연 이들의 주장은 사실일까요?


### 조선에서도 적용된 '여자정신근로령'

'여자정신근로령'(이하 '근로령')은 1944년 8월 23일에 칙령 519호로 일본과 조선에서 동시에 공포, 시행되었습니다. [자료1 참조] 중요한 것은 '근로령'이 공포, 시행되기 전부터 조선에는 이미 여자근로정신대가 만들어져 있었다는 점입니다. "조선에서 여자정신대는 이 법령(='근로령')이 공포되기 수년 전부터 이 법령이 한정하고 있는 대상에 관계없이 여러 방

---

2 박유하, 『帝国の慰安婦』, 朝日新聞出版, 2015, 52~55쪽. 박유하는 일본어판 52쪽과 같은 내용을 담은 한국어판 43쪽에서 해당 부분의 서술 근거로 일본어판 위키피디아를 들고 있는데, 역사를 다루는 저서에서 위키피디아를 근거로 삼는 것은 있을 수 없는 일이다. 현재 일본어판 위키피디아에는 '여자정신근로령'에 대해 "조선인은 대상이 되지 않았다"라고 쓰여 있는데, 이 문장의 출전은 바로 秦郁彦의 앞 책이다. (최종 열람 : 2015. 5. 10.) 즉 위와 같은 박유하의 설명은 秦郁彦의 재탕인 셈이다.

법으로 광범위하게 동원"[3]되고 있었고, 1943년 무렵에는 이미 국민학교 5, 6학년 및 졸업한 지 1, 2년 이내인 소녀들이 일본 '내지'의 공장에서 강제노동을 하고 있었습니다.[4]

『아사히신문』의 기사 내용대로 정신대는 '여자근로정신대'를 뜻하며, "전시하에서 여성을 군수공장 등으로 동원"한 것 또한 틀림없는 사실입니다. 문제는, 조선에도 '근로령'이 공포, 시행되었을뿐 아니라 그 전부터 '여자정신대'라는 이름으로 모집된 소녀들이 일본의 군수공장 등으로 동원되고 있었다는 것입니다. '근로령'이 나오기 전인 1944년 6월 경 여자근로정신대로 일본의 군수공장으로 보내졌던 강덕경 할머니가 그 실례입니다.[5] 따라서 하타와 박유하의 '조선에서는 여자정신근로령이 적용되지 않았고 정신대도 모집되지 않았다'라는 주장은 중대한 오류입니다. 이 두 사람은 원전 및 출전을 제대로 확인하지 않았을 뿐만 아니라 한국과 일본에서 소송을 제기한 조선인 여자정신대원 피해자들의 증언[6]도 듣지 않거나 읽지 않은 겁니다.

---

3  정진성, 『일본군 성 노예제』, 서울대학교출판부, 2004. 선행 연구로는 여순주, 「일제말기 조선인 여자근로 정신대에 관한 실태연구」(이화여자대학교 석사논문, 1994)가 있다.

4  山田昭次, 「戰時期の皇民化教育と朝鮮女子勤労挺身隊」(山田昭次·古庄正·樋口雄一, 『朝鮮人戰時労働動員』, 岩波書店, 2005.)

5  강덕경 할머니(1929년 경상남도 출신)는 국민학교 고등과 1학년 때인 1944년 6월 무렵, 여자근로정신대 1기생으로 도야마(富山)현의 후지코시(不二越) 공장으로 보내졌다(그 후 탈출했지만 붙잡혀 '위안부'로 끌려갔다). 土井敏邦, 『"記憶"と生きる』, 大月書店, 2015.

6  1992년 12월, 여자정신대 피해자 10명이 '위안부' 피해자 3명과 함께 '부산 종군위안부·여자근로정신대 공식사죄 등 청구소송'(관부재판)을 제기했고 이후에도 한국과 일본에서 여자정신대원의 제소가 계속되었다.

## 일본과는 다른 조선의 역사적 맥락

우리가 이 문제를 생각할 때, 정신대와 '위안부'는 다른 개념이라는 사실과 더불어 이 둘은 조선과 일본에서의 역사적 맥락 또한 달랐다는 점에 유의해야 합니다.

1937년 12월 무렵부터 일본군이 점령하고 있던 중국의 상하이와 난징 등지에 위안소가 대량으로 설치되기 시작했습니다. 그리고 이듬해 1938년 3월 경부터 조선 남부에서 여성들을 군에 봉사하게 할 목적으로 전쟁터로 동원한다는 '유언비어'가 발생하여 전역으로 급속도로 확산되었습니다.[7] '유언비어'에 따르면 동원 대상은 젊은 미혼 혹은 과부인 조선인 여성으로, 하는 일은 "군인과의 성적 관계", "군인의 위안",[8] 동원의 주체는 경찰, 구장(區長), 헌병 등의 권력기관이라고 합니다. 그래서 동원을 피하기 위해 결혼을 서두르는 미혼 여성들이 늘어났습니다. 언론이 말살된 식민지 민중의 '유언비어'는 단순한 뜬소문이 아니라, 위험에 대한 경고와 저항의 의미를 갖고 있었습니다. 이 무렵에 연행된 '위안부' 피해자들도 같은 내용의 소문을 들었다고 증언한 바 있고,[9] 시기적으로도 본격적으로 '위안부'를 모집하던 때와 겹치는 점을

---

7 藤永壯,「戰時期朝鮮における『慰安婦』動員の『流言』『造言』をめぐって」, 松田利彦ほか 編, 『地域社会から見る帝国日本と植民地—朝鮮·台湾·満洲』, 思文閣出版, 2015.

8 1938년 3월 말에 경상남도 밀양, 양산 지역에서는, 16~20세의 "처녀" 및 16~30세의 과부를 강제로 끌어모아 전쟁터로 보내고 "낮에는 밥짓기나 빨래 등의 노역을 시키고 야간에는 군인과의 성적 관계를 시켰다"라고 말한 세 명이 육군 형법으로 4개월의 금고형을 선고받았다. 藤永壯, 앞의 책.

감안하면, 실제로 당시 위의 '유언비어'와 같은 방식으로 조선인 여성들이 모집, 동원되었다고 추측할 수 있습니다.

그러니까 1938, 1939년에는 '정신대'라는 용어가 없었을 뿐 '성적 위안' 등을 목적으로 여성들이 전장에 동원되었고, 1940년대부터 '정신대'라는 이름의 대규모 강제동원이 자행된 것입니다. 이러한 상황을 두고 정진성은 당시 조선에서 "정신대는 강제동원의 대명사"[10]였다고 기술했습니다.


**정신대와 '위안부'의 관계성 : 네 가지 증언과 자료를 토대로**

그럼 '정신대'라는 용어가 사용되기 시작한 1940년대 조선에서 '위안부'와 정신대는 어떠한 관계에 놓여 있었을까요? 아래의 네 가지 증언과 자료를 통해 살펴보도록 하겠습니다.

첫째, 윤정옥은 『한겨레』에 연재했던 「정신대 취재기」(1990. 1. 4.)에,

1943년 12월, 내가 이화여자전문학교 1학년 때 일제가 한반도 각지에서 결혼을 하지 않은 젊은 여성들을 마구 정신대로 끌어가는 끔찍한 일이 벌어졌다. [11]

---

9  1939년에 연행된 여복실 할머니(1922년생)는 "일본인이 여자를 잡으러 온다"라는 마을 사람의 소문을 들었다고 증언했다. 한국정신대문제대책협의회, 한국정신대연구소 편, 『강제로 끌려간 조선인 군위안부들 : 증언집 2』, 한울, 1997, 199쪽.

10  정진성, 앞의 책.

라고 기록했습니다. 즉 근로령 시행 전인 1943년 12월에 조선인 여성을 "정신대로 끌어가는 끔찍한 일"이 벌어지고 있었음을 말합니다. 윤정옥 본인의 증언이기도 한 이 문장은 정신대에 대한 식민지 민중들의 인식을 나타내고 있습니다. (35쪽 참조)

둘째, 인도네시아 수마트라섬의 팔렘방이라는 곳에서 헌병으로 근무하던 쓰치가네 도미노스케의 증언입니다. 쓰치가네는 순찰근무를 위해 위안소를 드나들다가 듣게 된 조선인 '위안부'의 말을 본인의 회고록에 다음과 같이 남겼습니다.

> 우리들은 조선에서 종군간호부, 여자정신대, 여자근로봉사대라는 명목으로 강제로 끌려왔습니다. 그래서 설마 위안부를 강요받게 될 줄은 꿈에도 생각 못 했습니다. 외지로 수송되고나서 처음으로 (우리들이 : 번역자 주) 위안부라는 말을 들었습니다. [12]

조선인 '위안부'들은 '정신대', '간호부'라는 말에 속아서 끌려왔다는 말입니다.

셋째, 미군 측 자료입니다. 미군의 신문 『ROUND UP』 1944년 11월 30일자 기사 「일본의 위안부(JAP COMFORT GIRLS)」는,

---

11　『한겨레』 1990년 1월 4일자 기사 원문에는 "1944년 12월"로 되어 있으나 이 기사를 쓴 윤정옥 씨에게 직접 확인한 결과 "1943년 12월"이 맞으며 『한겨레』 기사의 "1944년"이 잘못되었다는 답을 들었다. (2016년 3월 9일 필자와의 전화인터뷰)
12　土金冨之助, 『シンガポールへの道 下』, 創芸社, 1977.

1942년 4월 초 일본의 관헌이 조선의 평양 근처 마을에 왔다. 그들은 포스터를 붙이거나 대회를 열고 싱가폴의 후방 기지에서 근무하면서 기지 내의 시중을 들거나 병원 심부름을 하는 정신대("WAC" organizations)를 모집하기 시작했다.[13]

라고 보도하고 있습니다. 조선인 여성들이 정신대라는 명목으로 모집된 후 '위안부'가 되었음을 알 수 있습니다.

마지막 네 번째로, 해방 직후인 1946년 7월 18일자 『중앙신문』은,

꽃같은 우리 동포 부녀들은 소위 정신대나 위안부라는 미명 아래 왜병의 싸움터로 끌려가 가진 유린과 혹사를 당하고 있다.[14]

라는 내용의 기사를 실었는데, 정신대와 '위안부'가 동일시되고 있었음을 알 수 있습니다.

이상의 네 가지 증언과 자료는 1940년대 이후 식민지 조선에서는 정신대라는 이름으로 조선인 '위안부'를 동원하는, 조선에서만 자행되었던 독자적인 징집 형태가 폭넓게 존재했다는 실태를 보여주고 있습니다.

---

13  浅野豊美,「雲南·ビルマ最前線における慰安婦達—死者は語る」, 女性のためのアジア平和国民基金,『「慰安婦」問題調査報告·1999』, 1999, 64쪽.

14  VAWW-NET ジャパン編, 金富子·宋連玉責任編集,『「慰安婦」戦時性暴力の実態 I (日本·台湾·朝鮮編)2000年女性国際戦犯法廷の記録』, 緑風出版, 2000, 344~345쪽.

## '위안부' 피해자의 증언에서 알 수 있는 '정신대와 위안부' 동원

그렇다면 피해 당사자들은 어떻게 증언했을까요? 김복동 할머니(1926년 경상북도 출생)는 양산의 초등학교[15]를 4학년까지 다니다가 그만두고 집에 있었습니다. 그러던 중 1941년에 구장과 반장이 일본인과 함께 와서 어머니에게 "딸을 데신타이(정신대의 일본어 발음 : 번역자 주)로 보내야 하니 내놓으세요"라고 한 말에 끌려왔다고 증언하였습니다.[16]

아베 수상 방미 전 긴급 심포지움 「'위안부' 문제, 해결은 가능하다」에서 발언하고 있는 김복동 할머니(2015. 4. 23. 촬영 : 시바 요코柴洋子)

황금주 할머니(1922년 충청남도 출생)는 1941년, 일본인 반장에게 "일본의 군수공장에 3년의 계약으로 일을 하러 가면 큰 돈을 벌 수 있다. 한 집에서 적어도 한 명은 나가야 한다"라고 "은근히 협박" 당하여 식모살이 하던 집의 딸들 대신 연행되었다고 합니다. 이 증언에 '정신대'라는 용어가 등장하지는 않지만, 내용으로 미루어 볼 때 정신대를 포함한다고 할 수 있습니다.[17]

---

15  시기적으로 볼 때 보통학교 혹은 소학교였을 테지만 어느 쪽인지 정확하게 알 수 없으며 김복동 할머니 본인이 "초등학교"라고 증언했기 때문에 "초등학교"라고 표기했다. 김복동, 「광동, 홍콩, 싱가포르, 인도네시아를 전전하며」(한국정신대문제대책협의회, 한국정신대연구소 편, 앞의 책)
16  위와 같음.

그리고 이상옥 할머니(1926년 황해도 출생)는 1943년에 구장이 '처녀공출'이라고 끌고 가서 일본군 장교에게 넘겨졌습니다. 김복동 할머니와 이상옥 할머니의 증언은 구장이나 반장의 행정적 압력 하에 처녀공출이라는 명목으로 '위안부' 징집이 이루어졌음을 보여줍니다.

이 외에도 조선인 '위안부' 징집의 대부분은 10대 소녀=미혼 여성을 대상으로 한, 공장에서 일할 수 있다는 등의 취업 사기 형태를 띤 유괴였습니다. (Q6 참조)

앞서 살펴본 역사적 문맥을 생각하면, 1940년대에 '정신대라는 이름으로 징집되어 위안부가 되었다'고 말하는 것은 "혼동"이 아니라 식민지 조선에서의 '위안부' 징집 때 자행되었던 유괴의 한 형태로, 민중들의 눈을 통한 실상의 반영이라 볼 수 있겠습니다.

그러니 위와 같은 정신대와 '위안부'와의 관계를 "오용"이라는 한마디로 치부해 버린다면 조선인 '위안부' 징집의 실상을 알 수 없게 된다고 생각합니다.

---

17  황금주, 「천대받지 않으며 살고 싶다」, 이상옥, 「고향에 돌아왔으나 가족은 간 곳 없고」(한국정신대문제대책협의회, 한국정신대연구소 편, 『강제로 끌려간 조선인 군위안부들 : 증언집 1』, 한울, 2014.)

# 식민지 조선에서는 '위안부'라는 이름으로의 연행은 없었다

●
김
부
자

## 아무도 몰랐던 '위안부' 라는 말

아베 정권 아래에서 위안부 문제가 강제성을 가지고 있느냐, 아니냐가 문제가 되는 모양인데, 그거는 정말 우리한테 물어보라고 그러면 말도 안 되는 얘기예요. 18살부터 20대라고 그럴까, 조금 넘은 젊은 아이들만 데려 갔는데, 그때 우리는 위안부라는 말도 몰랐어요.

1945년 내가 북조선에서 38선을 넘어가지고 내려 왔을 때에, 부산하고 인천에 그때도 말이지 애국보국대가 여러 가지 이름으로 한국의 건장한 젊은 남자들이 강제로 끌려갔었거든요. 만일 나가지를 못하겠다고 외아들이라고 이런 얘기하면은 외아들이라도 상관없었어요. 그러고 아들이 귀할 때에 젊은 다 자란 여자아이가 있을 때에는 여자아이를 딸을 내보내 주면은 아들은 안 데려가도 된다고 그렇게까지 얘기를 했거든요.

그래서 인제 딸을 내보내면은 그 다음에는 아들도 데려갔어요. 그리고 하여튼 응하지 않으면은 딸을 내보내지 않으면은 근데 그게 다 우리는 그때도 해방을 할 때까지 '위안부'라는 말을 몰랐으니까.

그때는 식구에 따라서 쌀 배급을 줬는데, 나중에는 쌀 배급도 아니고 딴 것 주다가 저것까지 했어요.

우리는 배급 받았거든요. 그때 우리는 서울에 살았으니까. 계속 그랬다가 말맥이를 처음서부터 그거를 뭐, 내가 낳을 때 1925년생이거든요. 시작서부터 점점 만주사변도 일어나고 이렇게 해서 중국하고 싸우고 시작하고 있을 때에 저기 한국 사람들은 배급을 그 후에는 쌀 배급을 받기 시작 했는데, 말맥이까지 그 쌀은 다 일본으로 가는 것은 알지만은 나중에는 군대로 가는 것을 알았지만은요.

## 아무도 몰랐던 '위안부 급모(慰安婦急募)'의 의미

『동아일보』하고 『조선일보』가 그때 있었는데, 신문 폐간당하지는 않고, 그 다음에 『매일신보』라는 게 나왔는데, 그것을 총독부가 인제 총독부 기관지 같이 됐어. 거기 두번 나왔던 것을 요시미(吉見) 교수에게 들었어. '위안부 급모'라는 얘기를 거기 광고를 조그맣게 두 번 나왔더라고요. (여기서 말하는 광고란 『매일신보』 1944년 10월 27일자 기사, 「군위안부 급모' 광고」. 자세한 내용은 Fight for Justice Booklet1 『「慰安婦」・強制・性奴隷』에 수록된

Q19 「朝鮮人女性は「慰安婦急募」広告を読んで応募したの？ [조선인 여성은 '위안부 급모' 광
고를 읽고 응모했는가?] 참조)

그때는 한국 사람들이 『매일신보』를 믿지 않았어요. 다 이거 거짓말
이다. 우리 아버지는 보셨어요. 왜 그러냐면은 전쟁이 이기는지 지는지
몰랐다 하더라도 이게 상하이에서 시작했다가 싱가포르 함락했고, 전
쟁이 어디까지 가느냐 해가지고 남양 군도로 가는 거 그것만이라도 알
고 싶어서 우리 집에서는 신문을 봤다 말이지. 그렇지만도 우리 아버지
도 '위안부 급모'라는 광고는 안 보셨나봐. 내 기억으로는 '위안부'라
는 말을 몰랐단 말이야.

다시 말해서 '위안부 급모'라는 것을 누군가 봤다 하더래도 우리가
지금 알고 이 야단을 치는 그런 '위안부'라고는 감히 생각을 하는 사람
은 없을 거야.

저기 뭐야, 우리가 그때 말한 거, 일본군의 끄나풀이 돼가지고, 자기
는 이 여자 자기가 끌고 간, 속여서 데려가는 여자들이 어떤 운명이 떨
어질런지를 알런지, 몇몇 사람 빼고는 전혀, 나는 이것을 말이지 말할
수 있어, 공언 할 수 있어.


## 정신대 · 처녀 공출, 사기

한국 사람으로서 위안부가 얘네들이 끌고 가는 얘네들이 거기에서 어
떤 운명에 처해지는지 일반 사람들은 몰랐단 말이야. 그랬고 그 다음

에는 그러니까 정신대 아니면은 아까 내가 얘기한 경우 같이 처녀 공출을 당했다. 왜 처녀 공출이냐면은 다 장성한 남자 모르는 남의 집 딸만 데려가니까, 그런 게 생겼단 말이에요.

또 하나는 완전히 속여서 속인 거지 그리고 만일 정신대로 끌려가 가지고서 군수 공장에서 일을 한다고 하더라도 끌려 들어가서 머리카락, 하루 세 끼 흰 밥 먹고, 원하면은 공부도 할 수 있고, 그 중에서는 말이지 있기만 해도 배운다는 이런 말을 해가지고서 아이들을 모집했거든요. 학교에서도 그때에 초등학교도 말이지.

그런 식으로 해서 아이들을 말이죠. 모집을 했는데, 걔네들이 간 다음에 걔네들도 약속 하고는 또 달랐다구요.

## 성적 강제야말로 악행

문제는 말이지, 막판에는 1944년 후반서부터 1945년 전반까지는 말이지, 그 때에는 정말 길에서도 막 끌고 가는 일이 있어요, 그거는 둘이서 사진을 보고 니가 잘 나왔다 잘 나왔다 둘이서 여자애들이 그러고 있는데, 트럭 탄 사람들이 와 가지고서 둘이 다 데려갔어. 근데 그 둘이 싱가포르까지는 같이 갔어요. 근데 둘이 거기서부터는 헤어진 거야.

그런 식으로 길에서 막 잡아 간 사람도 있고, 그거 강제라고 할 수 있지. 아침에 여자애가 물동이를 이고 가는데 그냥 잡아가서 물동이가 깨진 일도 있어요. 그런 거를 강제라고 그러느냐, 이 이상 어떻게 강제일 수 있느냐, 왜 처음서부터 위안부로 가서 일본 군인들한테 그 뭐라고 그럴까. 내가 보기엔 이상 더 끔찍한 강간은 없는데, 강제로 성적 뭐라 그래, 공창 비슷하게 성적인 위안, 위안이라는 말을 하고 싶지는 않지만 말이야. 그 제공을 해야 하느냐, 이건 제공도 아니야, 그냥 말 안 들으면 (안 됐다).

그럼 지금 내가 말하려고 하는 거는 일본말로 "힛빠떼" 데려가는 그게 강제냐. 전혀 그 군수공장에 가서 노동한다고 해서 데려가 가지고서 속여서 데려가는 것, 가가지고 그렇게 일 시키는 거는 그건 강제 아니냔 말이야. 내가 보기엔 이쪽이 더 질이 나쁜 강제 같애. 그러니까 여기서 문제는 말이야, 강제를 뭐라고 정의 내리느냐부터 시작을 해야 할 것 같애.


## Justice는 할머니의 존엄을 되찾는 것

그러니까 내 생각은 이거야. 처음부터 끝까지 내가 말하는 거는, 일본에서 이 할머니들을 할머니들한테 결국은 속여서, 줄 서서 들어오는 이 군인들의 상대가 되게끔 했는데, 거짓말로 데려가서 했는데 내가 보기에는 이 이상 사람을 모욕할 수 없다고 생각해. 그래서 처음서부터 내가 얘기하는 것은 사람이 사람을 대할 때는 내 인격이 중요한 것 같이, 내 존엄성이 중요한 거 같이, 상대방의 존엄성을 인정을 해야 되고, 상대방의 인격을 인정을 해야 된다고, 그러니까 지금 일본은 이것을 인정

안 할려고 그래요. 그리고 자기네들이 무엇을 어떤 짓을 했는지, 그걸 부인을 할려 그래.

여기서 저스티스는 나는 할머니들의 할머니들의 존엄성을 찾아주는 것을 Justice 라고 한단 말이야.

■ 2015 년 3월 3일 김부자, 오카모토 유카 인터뷰
   정리 및 해설 : 김부자 / 사진 협력 : 안세홍

**해설**

윤정옥 선생님은 1925년 식민지 지배하의 조선에서 기독교 신자이자 교육에 열성적인 아버지와 어머니 밑에서 태어나 당시의 조선인 여성으로는 최고의 교육을 받았다. 해방 후 이화여자대학교 교수가 된 윤정옥 선생님은 같은 세대의 여성들이 '위안부'가 된 것을 잊지 못하여 1980년부터 정신대(이 경우는 '위안부'를 가리킨다)의 발자취를 찾아 일본을 비롯한 각지를 돌아다녔다. 이 기록들을 정리한 '정신대 취재기'를 1990년 1월에 『한겨레』에 발표하여 한국 사회에서 '위안부' 문제가 부상하는 계기를 만들었다. 같은 해 11월 결성된 '한국정신대문제대책협의회'의 초대 공동 대표를 역임했다(2001년까지).

이번 인터뷰에서 윤정옥 선생님은 당시 식민지 조선에서 '위안부'라는 이름으로 끌려간 피해자는 없었다, "정신대", "처녀 공출"이라는 말로 사기(=납치), 또는 강제였다, 그리고 성적인 강제가 가장 큰 문제라는 점을 다시 한 번 강조했다. 여성의 '정조'가 중시되던 당시, '위안부'라는 말의 뜻을 미혼 여성이 이해했다고는 생각하기 어렵다.

| Q | 업자가 '인신매매'로 징집, 연행했으니 일본군은 책임이 없다? |
|---|---|
| 3 | |

● 니시노 루미코

### '업자의 소행'이니 "위안부는 인신매매의 희생자"다?

'위안부' 징집에 대해 군, 관헌에 의한 '강제연행'을 부정할 때 항상 세트로 등장하는 것이 '업자의 소행'이라는 주장입니다.[1] 예를 들어 아베 총리는 국회에서 "위안부 사냥과 같은 관헌에 의한 강제연행 같은 일이 있었다는 것을 증명하는 증언은 없"지만 "중간에 개입한 업자가 사실상 강제했다는 광의의 강제성은 있었다"(참의원 예산위원회, 2007. 3. 5.)라고 답변한 바 있습니다. 그리고 2015년 4월 미국 방문 직전 미국의 『워싱

---

1　박유하는 "'법률을 위반했다는 의미에서 우선 규탄해야 할 '범죄'의 주체는 업자들일 것이다"(『帝国の慰安婦』)라고 주장하지만, 업자는 군의 지시와 감독하에서 움직였으므로 "우선 규탄해야 할" 책임의 "주체"일 수는 없다.

턴포스트』와의 인터뷰(3.2.)와 하버드대학 강연(4.27.)에서는 "위안부는 인신매매의 희생자"라고 말했습니다.

'업자의 소행'과 "위안부는 인신매매의 희생자"는 얼핏 들으면 상반된 말로 들리겠지만, 실은 같은 인식을 달리 표현한 것에 불과합니다. 두 표현 모두 일본 정부가 2007년과 2012년에 미국의 신문에 강제성을 부정하는 의견 광고를 게재했을 때 했던 "위안부는 성노예가 아니다. 전 세계에서 허용되던 흔한 공창제도 아래서 일하던 여성들"이라는 주장과 같습니다. [2]

아베 총리가 인터뷰에서 "(위안부는) 인신매매의 희생자로 마음이 아프다"(자료1 참조)라고 말한 의도에 대해, 『산케이신문』은 한 정부 고관의 "일본어의 인신매매라는 말에 강제연행의 의미는 포함되지 않는다"[3]라는 발언을 소개하면서 "구 일본군이나 관헌에 의한 강제연행설과는 분명히 구분을 지으려는 의도도 있었던 것으로 보인다"라고 해설했습니다. 2007년에는 당시 관광성 장관이었던 시모무라 하쿠분이 "위안부가 있었던 것은 사실이지만 나는 '몇몇 부모가 딸을 팔았다'고 생각하고 있다"[4]라고 말한 바 있습니다.

지금까지의 발언으로 보면 아베 총리는 '위안부'는 부모가 팔아버린

---

2  "The Fact", 『Washington post』 게재 의견광고(2007.6.14.), 미 뉴저지 지방신문 『Star Ledger』 게재 의견광고(2012.11.4.).

3  『산케이신문』 2015.3.29.

4  〈라디오 일본〉이라는 프로그램에 출연했을 때의 발언이다. (2007.3.25.) 이러한 인식을 지닌 시모무라 하쿠분은 2012년부터 2015년까지 한국 교육부장관에 해당하는 문부과상상을 역임했다.

[자료1] 미 뉴저지 지방 신문 『Star Ledger』 게재 의견광고(2012.11.4.)

인신매매의 희생자로 "마음이 아프"긴 하지만 '장사 = 상행위'를 한 여성들이니 강제가 아니었고, 인신매매를 한 것은 군이 아니라 부모이니 군의 책임은 없다고 주장하고 싶은가 봅니다.

**아베 총리의 인신매매 발언의 의미는**

여기서 분명히 해둘 것은 아베 총리가 사용한 '인신매매'라는 말은, '여성 및 아동의 매매 금지에 관한 국제조약'과 '국제조직범죄방지조약 인신매매단속의정서' 등에서 사용되어 온 '휴먼 트래피킹(Human Trafficking, 인신매매 또는 거래로 번역됨)'으로 이해해야 한다는 점입니다. 그리고 국제사회에서 사용되는 '휴먼 트래피킹'이라는 용어에는 여성의 인권 침해의 의미가 포함되어 있습니다.

그러니까 '인신매매'를 언급한 아베 총리의 발언은 오히려, 일본이 가입한 '여성 및 아동의 매매 금지에 관한 국제조약'을 위반하고 있다는 것과 인신매매를 방지할 의무가 있다는 것을 사실상 인정한 셈입니다.

대외적으로는 "위안부는 인신매매의 희생자"라고 하면서, 대내적으로는 '업자의 소행'이라고 하며 '위안부' 제도가 '강제성'을 지닌 '성노예' 제도임을 부정하고 군의 책임을 조선인 여성의 부모와 업자에게 떠넘기는 이중적인 태도는 결국 파탄을 초래할 것입니다.


**'인신매매'라면 군의 책임은 없는가?**

아베 총리가 대내적으로 말하듯 인신매매라면 일본군과 일본 정부에는 책임이 없냐면 그렇지 않습니다. 인신매매죄가 형법에 포함된 것은 2005년이니까 그 전의 인신매매는 위법이라 할 수 없다는 의견도 있지만, 식민지 당시의 일본 형법에서도 국외 이송을 목적으로 한 인신매매는 금지되어 있었습니다.

형법 제33장 '약취 및 유괴죄' 제226조(국제이송목적약취 등) 제1항에는, 일본 국외로 이송할 목적으로 사람을 약취(폭행이나 협박 등에 의한 연행) 또는 유괴(기만, 유혹에 의한 연행)한 자는 2년 이상의 유기징역에 처한다고 되어 있습니다. 이어 제2항에는 일본 국외로 이송할 목적으로 사람을 매매 또는 약취, 유괴하거나 혹은 매매된 자를 일본 국외로 이송한 자도 제1항과 같이 처벌한다고 규정되어 있습니다. 즉 '위안부'로 동원할 목적으로 여성을 매매하여 일본 국외의 위안소로 보내는 행위는 당시의 법체계에서도 중대 범죄였습니다.

이뿐만이 아닙니다. 제224조(미성년자 약취 및 유괴)에는 미성년자를 약취하거나 유괴한 자는 3개월 이상 5년 이하의 징역에 처한다고 규정되어 있습니다. 게다가 제225조(영리 목적 등 약취 및 유괴)에는 영리, 외설 또는 결혼을 목적으로 사람을 약취 혹은 유괴한 자는 1년 이상 10년 이하의 징역에 처한다고 되어 있습니다. 이와 같이, 약취뿐만 아니라 유괴도 명백한 범죄였습니다. 실제로 여성을 속여서 이송하고 '위안부'로 삼은 자가 유죄 처벌을 받은 경우도 있었습니다.[5]

---

5  前田朗,「長崎事件·静岡事件大審院判決を読む」(西野瑠美子·小野沢あかね責任 編集,『日本人「慰安婦」―愛国心と人身売買と』, 現代書館, 2015)을 참조하기 바란다.

## 업자는 제멋대로 '위안부'를 모집해서 위안소로 끌고 갔다?

업자가 '위안부' 동원을 목적으로 여성들을 모집한 사례가 있는 것은 사실입니다. 그렇다고 해서 업자가 군과 아무런 상관 없이 제멋대로 여성들을 모집해 위안소로 끌고 가고 일본군 장병을 위한 위안소를 경영하는 것이 가능했을까요? 이 의문을 풀기 위해서는 군과 업자와의 관계를 파악해야 합니다.

일본군이 위안소 설치를 확대했던 1937년 말,[6] 중지나(中支那)방면군으로부터 위안소 설치 지시를 받은 상하이 파견군이 업자에게 '위안부' 모집을 의뢰했다는 사실은 내무성 및 경찰 자료 등에서도 확인되었습니다. 업자가 군의 지시를 받고 여성을 모집하기 위해 '내지'로 오게 된 경위에 대해 "재(在) 상하이 육군특무기관의 의뢰"로 "약 3000명의 작부를 모집해서 보내게 되었다"[7]라고 한 이야기가 사실인지, 군마(群馬)현 지사(경찰부장 겸임)가 내무성 등에 문의했다는 문헌자료도 있습니다. (이와 같은 자료는 여럿 발견되었습니다)[8]

그리고 '위안부'를 전장의 위안소로 끌고 갈 때 군의 트럭이나 배가 사용되었습니다. 미군 자료에는 1942년 8월 20일경, 703명의 여성이 위안소 주인에게 이끌려 랑군에 상륙했다고 적혀 있습니다.[9] 이 사례는

---

6  이이누마 마모루(飯沼守) 상하이 파견군 참모장 일기, 「慰安施設ノ件方面軍ヨリ書類来リ実施ヲ取計ふ」(1937. 12. 11.), 「迅速ニ女郎屋ヲ設ケル件ニ就キ長中佐ニ依頼ス」(1937. 12. 19.).
7  「上海派遣軍内陸軍慰安所ニ於ケル酌婦募集ニ関スル件」, 群馬県知事, 1938. 1. 19.
8  「時局利用婦女誘拐被疑事件ニ関スル件」, 和歌山県知事, 1937. 2. 7. 등.

꽤 규모가 큰 '위안부' 이송입니다만, 군의 도움이 없었다면 불가능했을 겁니다. 애초 업자도 여성도 신분증이나 증명서가 없으면 배를 탈 수 없었습니다. '황군장병 위안부 도항에 관한 편의 공여편 의뢰의 건'[10]에는 업자가 상하이영사관에서 신분증명서를 발급받고 '위안부' 모집을 위해 '내지'와 조선으로 갔다는 기록이 있습니다. 그리고 '위안부'의 도항에 대해 문의한 와카야마(和歌山)현 형사과장에게 나가사키(長崎)현 외사경찰과장이 회답한 문서('사실조사편견회답' 1938.1.20.)에는, 재상하이 일본총영사관의 경찰서장이 나가사키현 나가사키 수상경찰서장에게 '황군장병 위안여성의 도호(渡滬)'에 대해 의뢰했다는 기록도 있습니다. 이러한 자료를 볼 때 군이 '위안부' 이송의 '편의'를 제공한 것은 분명합니다.

한편 위안소 업자('전선前線육군위안소영업자')는 군에 '작부영업 허가원'을 제출해야 했습니다. 그러니까 일본군을 위한 위안소 경영은 군의 허가 없이는 불가능했던 것입니다. 즉 업자는 군의 명령과 편의, 지원 아래 '위안부'를 모집하여 전장의 위안소로 이송하고 군의 허가를 얻어 위안소를 경영했던 것입니다.

이와 같이 일본군의 지시, 허가, 계획 및 준비 없이는 일본인이든 조선인이든 업자 마음대로 '위안부'를 모집해서 전장으로 이송하거나 위

---

9 「日本人捕虜尋問報告」第四九号, 1944.10.1.

10 상하이총영사관 경찰서의 의뢰장인 이 문서에는 재상하이 영사관과 육군무관실, 헌병대 이 세 기관의 위안소 설치에 관한 역할 분담도 기록되어 있다.

안소를 운영하는 것은 불가능했습니다. 그러므로 말단의 조선인 업자에게도 책임은 있지만, 더욱 큰 그리고 근본적 책임은 그 업자에게 지시하고 일을 맡긴 일본군에게 있습니다.

# 김학순 할머니는
# 기생학교 출신이니까
# 피해자가 아니다?

●
송연옥

1991년 8월 김학순 할머니가 '위안부' 피해자로 처음 증언했을 때 전세계는 큰 충격을 받았습니다. '위안부' 제도에 대한 일본 정부의 관여를 부정하려는 사람들이 김학순 할머니를 집요하게 공격하고 증언 내용을 허위라고 주장하는 것도 그만큼 충격이 컸기 때문이니, 그 충격이 어느 정도였는지 가늠할 수 있겠죠?

그들은 김학순 할머니가 기생학교 출신의 기생이고 전형적인 인신매매 케이스라는 이유로 증언을 믿지 않고 부정합니다.

## 기생이란 무엇인가?

그럼 기생은 어떠한 존재였을까요?

1900년대의 관기

기생을 유곽에서 일하던 유녀(遊女)와 같은 존재로 보거나 1970년대 일본인 남성의 한국매춘관광을 칭했던 '기생관광'[1]의 이미지로 보기도 하지만 어느 쪽도 정확하지 않습니다. 영어로 'a singing and a dancing girl'이라 번역되듯이 기생이란 조선시대의 관기(官妓)로서 공적인 의식과 관청의 연회에서 춤과 노래, 악기 연주를 제공하던 여성을 말합니다. 신분은 천민이었지만 특수기능을 보유한, 지금으로 말하자면 만능 엔터테이너였습니다.

관기 제도는 1894년 갑오개혁으로 폐지되었지만 1908년에 '창기단속령', '기생단속령'이 제정되면서 기생은 춤과 노래, 악기 연주를 전업으로 하는 존재로 명시되었습니다. 조선시대와 달라진 점은 관할 부처가 궁내부에서 경시청으로 바뀐 점, 신분 고하를 막론하고 누구든지 금전적인 여유만 있다면 기생의 예능을 즐길 수 있을 만큼 대중화되었다는

---

1 '기생관광'이란 말은 매춘을 위장하기 위해 기생을 사칭한 것으로 한국의 전통문화를 폄훼하고 경제적 격차를 이용한 인종차별주의적 명칭이다.

점 등을 들 수 있습니다.

조선시대 때는 서울, 평양, 성천, 진주, 해주, 경주, 전주, 강계, 함흥 등이 명기를 배출하는 지역으로 유명했습니다. 특히 평양에는 기생 견습생에게 3년 과정으로 춤과 노래, 악기 연주 및 교양과목을 가르치는 기생학교가 있었습니

기생학교(그림엽서)

다. 식민지 시기에 일본인 관광객의 관광코스에 평양 기생의 무용을 보러 기생학교를 방문하는 것이 들어갈 정도로 평양의 기생학교는 유명했습니다.

역사적으로 보자면 문학적 재주가 뛰어났던 황진이나 임진왜란 때 왜군에 저항했던 논개는 모르는 사람이 없습니다. 그리고 3·1운동 때에도 많은 기생들이 참여했습니다. 당시 사람들은 이러한 기생을 무조건 천시한다기보다는 선망 어린, 복잡하고 다면적인 시선으로 바라보았습니다.

또 1920년대에는 레코드(음반)와 영화산업이 번창하자 왕수복이나 석금성과 같은 기생 출신 가수와 배우들이 크게 활약하여 인기를 얻었습니다. 왕수복은 보통학교 중퇴 후 12세의 나이에 평양의 기생학교에 다녔습니다. 왕수복이 활약하던 바로 그 시기에 김학순 할머니가 기생

학교를 다녔습니다.


## 김학순 할머니의 생애


『강제로 끌려간 조선인 군위안부들 : 증언집 1』[2]에 의하면 김학순 할머니는 1924년에 중국 동북부에서 태어났지만 얼마 되지 않아 아버지가 사망하자 의지할 곳이 없던 어머니는 젖먹이 딸을 안고 평양으로 돌아왔습니다.

여기서 한 가지 주목해야 할 점은 당시에는 출생신고를 제때 하지 않는 경우가 많아서 지금도 정확한 나이를 모르는 사람이 많다는 사실입니다. '위안부' 피해자 할머니들이 말하는 나이가 때때로 부정확한 것도 바로 이 때문입니다. 그런데 정확한 나이를 모른다고 해서 그 피해자의 증언 자체를 부정하는 사람들은 구술사의 의미를 모르는 겁니다.

다시 김학순 할머니 이야기로 돌아갑시다. 평양으로 돌아온 무력한 싱글맘은 남의 집안일이나 농사일을 도우면서 근근이 살아가게 됩니다. 평양은 양말 제조가 활발했기 때문에 양말을 만드는 부업도 했지만 김학순 할머니가 14살이 되던 해에 어머니는 재혼합니다. 식민지 조선에서 결혼은 특수한 기술이 없는 여성이 살아가기 위한 몇 되지 않는

---

2  한국정신대문제대책협의회, 한국정신대연구소 편, 한울, 1993.

평양의 기생학교
(그림엽서, 위)
기예를 배우는 기생들
(경상남도 진주, 그림엽
서, 아래)

선택지였습니다.

  1년 후 어머니는 딸을 예기(藝妓)집 주인의 양녀로 맡깁니다. 그때 어머니가 주인(양부)에게 40엔을 받았다고 합니다. 어머니 자신의 경험을 바탕으로 딸에게 기예 능력을 갖추게해서 자립하여 살아갈 수 있도록 고민 끝에 내린 결론이었을 겁니다. 당시는 집이 잘 살지 않으면 학교

54

교육을 받을 수 없었고, 또 학교를 다녔다고 해도 장래가 보장되지는 않았습니다. 이렇게 해서 김학순 할머니는 양아버지 집에서 먹고살 수 있는 기예를 배우기 위해 2년 동안 기생학교에 다니며 춤, 판소리, 시조 등을 배웠습니다.

기생학교를 마친 후 양부에게 이끌려 선배들과 함께 베이징까지 기생 일을 하러 갔지만 베이징에서 군인에게 납치되어 '위안부'가 되고, 장교에게 "처녀를 빼앗기고" 나서 그때부터 '위안부' 생활이 시작되었다고 김학순 할머니는 증언하고 있습니다.[3]

## 전차금 40엔은 소액

김학순 할머니의 증언을 부정하는 사람들은 어머니가 양부에게 받은 40엔이 팔려갔다는 근거라고 합니다. 그런데 40엔은 딸을 팔면서 그 부모가 받는 전차금이라고 하기에는 너무나 적은 금액입니다. 당시 물가로 40엔은 쌀 140킬로그램을 살 수 있는 금액으로 현재 화폐가치로 환산하면 대략 70~80만 원밖에 안 됩니다. 1920년대 후반 조선의 전차금은 일본인 여성 약 1700엔, 조선인 여성 약 420엔 정도였으니, 40

---

3  Fight for Justice ブックレット 1, 『「慰安婦」・強制・性奴隷 あなたの疑問に答えます』, 日本軍 「慰安婦」問題web サイト制作委員会 編, 吉見義明・西野瑠美子・林博史・金富子 責任編集, 御茶 の水書房, 2014, 84쪽 참조.

엔은 1/10에도 미치지 않는 금액입니다. 또 전차금은 일종의 고리대금이라, 미리 목돈을 받고나서 높은 이자까지 붙은 금액을 임금에서 떼어 분할상환해 가기 때문에 아무리 오랫동안 일을 해서 갚아도 빚이 줄지 않는 근대 경제학의 꼼수가 숨겨져 있습니다.

기득권의 혜택을 누리는 자들이 약한 입장의 피해자들의 호소에 귀를 기울이지 않고 그들의 증언에 조금이라도 어긋나는 부분이 있으면 득의양양하게 증언 그 자체를 전면 부정하는 것은 인간으로서의 기본적 품성과 도덕이 결여된 행위입니다.

또한 가난한 어머니가 좁디 좁은 선택지 속에서 어쩔 수 없이 딸을 기생학교에 보낸 것이니 그 딸, 즉 김학순 할머니에게는 '위안부' 피해를 호소할 자격조차 없다고 하는 것은 윤리적으로도 논리적으로도 옳지 않습니다. 심지어 연구자인 하타 이쿠히코조차[4] 김학순 할머니의 케이스는 양부가 딸을 군에 팔아넘긴 인신매매이기 때문에 군에는 책임이 없다고 주장합니다.

본인의 증언에서는 군인에게 납치되어 '위안부'가 되었다고 했습니다만, 양부에 의한 인신매매라 하더라도 군의 책임은 면죄받지 못합니다. 당시에도 인신매매는 범죄였기 때문에 만일 김학순 할머니가 인신매매당한 것이 사실이라면, 양부에게서 그녀를 매수한 일본군은 분명 법적 책임을 져야 합니다. (Q3 참조) 일본군이 중대범죄에 해당하는 인신매매

---

4  秦郁彦, 『慰安婦と戦場の性』, 新潮社, 1999.

를 조사도 하지 않고 그 피해 여성을 '위안부'로서 위안소에 가둬둔 셈이기 때문입니다. 이때 일본군과 김학순 할머니의 어머니·양부, 어느 쪽의 책임이 더 중대하겠습니까.

**참고문헌**

宋連玉, 「日本の植民地支配と国家的管理売春」, 『朝鮮史研究会論文集』 第32号, 1994.

宋連玉, 「「慰安婦」問題から植民地世界の日常へ」, 『「慰安婦」問題を/から考える』, 岩波書店, 2014.

# 문옥주 할머니는
# 버마에서
# 부자가 되었다?

● ●
요 하
시 야
미 시

요 히
시 로
아 부
키 미

'위안부'들은 꽤 큰 돈을 벌었다고 주장하는 사람들도 있습니다. 버마의 위안소로 끌려간 문옥주 할머니가 2만 엔 이상 저금했다는 사실이 근거랍니다. 심지어 2만 몇 천 엔이라면 현재의 가치로는 수십억 원에 해당한다고 떠들어대는 사람까지 있습니다.

그들은 미국의 전시정보국(Office of War Information=

말레이 반도에서 사용되던 군표

OWI)의 보고서 제49호(1944. 10. 1.)와 동남아시아 번역심문센터(SEATIC)의 보고서(1944. 11. 30.)에 '위안부'의 매상이 월 300엔에서 1500엔 정도였다고 쓰여 있다는 점도 근거로 듭니다.

## 버마에 있었던 '위안부'가 번 돈

이 문제에 대해 가장 먼저 알아야 할 사실은, 버마에 있었던 '위안부'들은 일본 '내지'에서 사용되던 엔이 아니라 버마에서 통용되던 군표[1] 또는 남방개발금고권을 받았다는 것입니다. 남방개발금고권은 엄밀히 말하자면 군표는 아니지만 사실상 군표와 다름 없었고 버마의 일본인들도 현지 주민들도 군표로 인식하고 있었습니다.

## '위안부'의 월수입

위에서 말한 OWI 보고서에서는 월 최고 매상이 1500엔 정도였다고 하는데, 이건 매상 즉 위안소의 업주가 벌어들인 금액입니다. 매상이

---

1 군표란, 전쟁 때 타국 영토를 침공한 군대가 현지에서 발행하는 통화를 가리키며 군용수표의 줄임말이다. 아시아·태평양전쟁 때 중국이나 동남아시아 등에서 일본군이 엄청난 양의 군표를 발행하는 바람에 극심한 인플레가 일어났다. 결국 일본이 패전한 후 이 군표들은 휴지 조각이 되고 말았다.

1500엔이었다면 '위안부'는 그 절반인 750엔밖에 받지 못했을 테고 또 750엔에서 전차금을 갚아야 했습니다. 실제로 OWI 보고서에는 "많은 업주들은 식료 및 기타 물품 대금으로 위안부들에게 많은 돈을 청구했기 때문에 그녀들은 생활난에 빠져 있었다"라고 적혀 있습니다. 그러니까 '위안부'의 실제 수입은 매우 적었던 것입니다. 그런데 업주의 수탈 외에도 수입이 적을 수밖에 없었던 또 다른 이유가 있었습니다.

## 물가 수준

아시아·태평양전쟁이 시작된 1941년 12월의 물가지수를 100으로 할 경우 그 후의 물가지수는 [표1]과 같이 바뀌었습니다. 1942년도 군표가 발행되는 단계에서는 1루피(버마) = 1달러(말라야) = 1엔('내지')으로 설정되어 있었습니다. 그러니까 버마의 루피와 '내지'의 엔의 가치가 같았던 겁니다. 그런데 OWI 보고서에 나오는 '위안부' 피해자들이 포로가 된 1944년 8월 10일 시점이 되면 상황은 크게 바뀝니다. 두 달 전인 6월 버마 물가가 인플레로 인해 도쿄의 약 30배로 부풀었던 것입니다.

따라서 '위안부'들이 최고액인 750엔을 받았다 하더라도 도쿄의 화폐가치로 환산하면 750엔÷30 = 25엔 정도밖에 되지 않았습니다. 게다가 여기서 전차금을 갚아야 했고 그 나머지 액수에서 또다시 식료대금 등의 명목으로 고액의 돈을 지불해야 했으니 생활난에 빠지는 것은 당연합니다.

| [표1] 일본은행 통계(1941년 12월을 100으로 했을 때의 수치) | | | | |
| --- | --- | --- | --- | --- |
| | 도쿄 | 버마 랑군 | 싱가포르 | 바타비아 (현 인도네시아 자카르타) |
| 1944년 6월 | 121 | 3,635 | 4,469 | 1,279 |
| 1945년 8월 | 156 | 185,648 | 35,000 | 3,197 |

* 安藤良雄 編, 『近代日本経済史要覧』、岩武照彦, 『南方軍政下の経済施策(下)』에서 작성.

## 문옥주 할머니의 경우

문옥주 할머니가 2만 엔 이상 저금했다고 하는데 그 돈의 대부분은 장교에게서 받은 팁이었습니다. 할머니는 업주가 돈을 주지 않았다고 합니다. 저금 내역을 보면 1945년 4월에 10,560엔, 1945년 5월에 10,000엔 등 대부분이 1945년에 집중되어 있습니다.

전쟁이 끝났을 때, 도쿄의 물가가 1.5배 상승에 그쳤던 것에 비해 버마는 1800배까지 올랐습니다. 도쿄보다 1200배나 높은 상승율의 인플레였던 것입니다. 그러니까 버마에서 모은 2만 몇천 엔의 실제 가치는 1200분의 1, 즉 20엔 정도밖에 되지 않았습니다. 게다가 버마는 일본의 점령지 중에서도 가장 인플레가 심한 지역이었습니다(다음 쪽 그래프 참조).

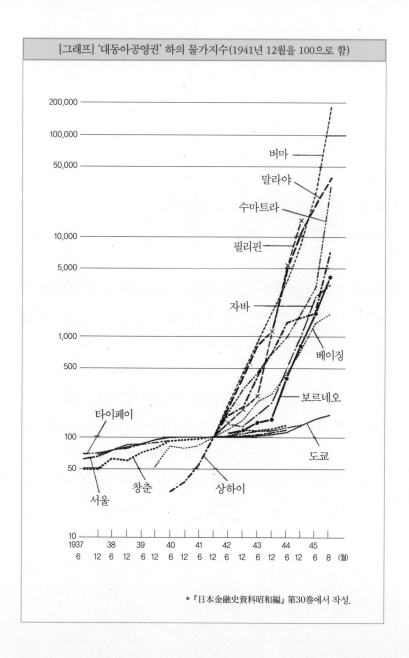

[그래프] '대동아공영권' 하의 물가지수(1941년 12월을 100으로 함)

200,000
100,000
50,000

버마
말라야
수마트라
10,000
필리핀
5,000

자바
1,000
500
베이징

타이페이
보르네오

100
도쿄
50
서울    창춘    상하이

10
1937  38    39    40    41    42    43    44    45
6  12  6  12  6  12  6  12  6  12  6  12  6  12  6  12  6  8  (월)

*『日本金融史資料昭和編』第30巻에서 작성.

## 일상용품의 가격

참고로 당시 버마의 일상용품의 가격을 예로 들어 보겠습니다. 1945
년 초의 물가는 표2와 같았습니다.

게다가 이때부터 인플레가 더욱 심해졌으니 2만 엔으로는 정장 한 벌
도 못 샀을 것입니다. 그리고 오타 쓰네조는 1945년 3월에 버마의 만
달레이가 함락된 후에는 "군표
의 가치가 거의 없어지고 말았
다"라고 합니다.[2] 문옥주 할머
니는 이미 군표의 가치가 거의
없어진 시기인 1945년 4, 5월에
장교들에게서 군표를 받아 저금
한 것입니다.

다른 지역을 예로 들어 보겠
습니다. 버마만큼은 아니었지
만, 일본군이 점령했던 동남아
시아 각지는 모두 극심한 인플
레를 겪었기 때문에 현지의 경제
가 파괴되었음은 쉬이 추측할

| [표2] 버마 일상용품의 가격(1945년 초) | |
|---|---|
| 커피 1잔 | 5루피 |
| 정장 1벌 | 10,000루피 |
| 셔츠 1장 | 300~400루피 |
| 비단 론지 11벌<br>(버마의 전통의상) | 7,000~8,000루피 |

\* 太田常蔵, 『ビルマにおける日本軍政史の研究』, 吉川弘文
館, 1967 참조.

| [표3] 싱가포르의 물품 가격 | | |
|---|---|---|
| | 1942년 12월 | 1945년 8월 |
| 쌀 6kg | 5달러 | 750달러 |
| 손목시계 | 85달러 | 10,000 달러 |

\* 싱가포르 중학교 역사교과서에서 작성.

2   太田常蔵, 『ビルマにおける日本軍政史の研究』, 吉川弘文館, 1967.

수 있습니다.

싱가포르의 물가는 표3과 같습니다. 한 장교의 회상에 따르면 수마트라에서는 장교의 한 달 월급으로는 100엔짜리 라면 한 그릇밖에 못 사 먹었다고 합니다.[3]


## 버마에서 저금한 돈은?

앞서 말했듯이 점령지의 화폐가치는 처음에 엔과 같은 가치로 설정되어 있었습니다. 동남아시아의 일본군 점령지와 같이 인플레가 심한 지역의 돈을 등가로 엔으로 바꾸면 1년에 수백 퍼센트 이상 물가가 상승하는 하이퍼 인플레이션이 일어나서 '내지'와 조선에 큰 파급을 불러올 수 있었습니다. 그래서 일본은 이를 규제하기 위해 송금액의 제한, 강제 현지 예금제도, 조정금 징수제도, 예금 동결조치 등을 도입하여 이들 지역의 인플레가 '내지'와 조선으로 파급되지 않도록 했습니다.[4] 즉 버마에서 많은 돈을 저금해서 모았다고 하더라도 그 저금액을 그대로 일본 엔으로 교환할 수 없었고, 일본이 패전함으로써 군표도 남방개발금고권도 휴지조각이 되고 말았습니다.

---

3  小林英夫,『日本軍政下のアジア―「大東亜共栄圏」と軍票』, 岩波新書, 1993, 179쪽. 『証言集―日本占領下のインドネシア』, インドネシア日本占領期史料フォーラム, 龍渓書舎, 1991.

4  堀和生,「東アジア歴史認識の壁」,『京大東アジアセンターニュースレター』555호, 2015. 2. 2. 참조.

따라서 버마의 사례를 들어 '위안부'는 돈을 벌었다, 문옥주 할머니는 현재의 가치로 치면 수억 엔이나 되는 큰 돈을 번 부자였다라고 하는 말은 점령지의 경제상황을 무시한, 허무맹랑한 이야기에 불과합니다. 점령지의 인플레가 얼마나 극심했는지는 조금만 찾아보면 쉽게 알수 있는데도 말입니다.

**참고문헌**

요시미 요시아키 지음, 남상구 옮김, 『일본군 위안부 그 역사의 진실 : 일본군 위안부 제도란 무엇인가』, 역사공간, 2013.

Q
___
6

# 조선인 '위안부' 중에
# 소녀는 적었다?

●
김
부
자

## '위안부'가 된 소녀는 소수인 데다 예외적이었다?

박유하는 『제국의 위안부』에서 한국의 '위안부=소녀' 이미지는 "정신대를 위안부로 오해한 것에서 만들어진 것"(64쪽, 정신대와 '위안부'와의 관계에 대해서는 Q2 참조)이라고 했습니다. 그리고 피해 여성들의 증언 중 "20세 이상"이었다는 일부의 증언 내용과, 버마 미치나에서 미국 전쟁정보국의 심문을 받은 조선인 '위안부'들의 "평균 연령은 25세"였다는 등의 기술을 근거로, 조선인 '위안부'의 대다수는 "소녀가 아니었다"라고 주장합니다. 나아가 그럼에도 불구하고 한국에서 '위안부' 이미지가 '소녀'로 자리잡은 것은 "한국의 피해의식을 키우고 유지시키기 효과적이었기에 나타난 무의식의 산물"(65쪽)이라 하며 다음과 같이 말합니다.

자료나 증언을 보는 한 소녀의 수는 오히려 소수이고 예외적이었던 것 같다.
(…) 군의 의지보다는 업자의 의지의 결과였다. (106쪽, 밑줄은 인용자)

박유하는 '위안부'로 끌려간 조선인 소녀는 "소수이고 예외적"이었
고, 더구나 "군의 의지보다는 업자의 의지"였다고 강조하고 있지만, 정
말 군보다 업자의 의지였다는 말은 사실일까요?


## 조선인 '위안부' 대부분은 연행 당시 미성년자 소녀

우선 피해 여성들의 증언을 살펴보겠습니다. 증언을 한 조선인 '위안
부'의 과반수가 '위안부'로 끌려간 당시 10대 소녀였다는 사실은 피해
여성들의 증언에도 나타납니다.[1] 연행 당시 나이를 구체적으로 들자
면, 박영심 17세, 송신도 17세, 김학순 17세, 이계월 15세, 곽금녀 17
세, 손판님 19세, 박두리 17세, 박옥선 17세, 이옥선 15세, 문필기 18
세, 강덕경 16세로 모두 미성년, 즉 소녀였습니다. (황금주는 20세였지만 만
19세) 심지어 김영숙과 같이 13세에 끌려간 경우도 있었는데, 육체적 성
장이 충분치 않다고 군인이 칼로 그녀의 성기를 훼손했다고 합니다. 당
시에는 식량 사정이 좋지 않았기 때문에 10대 후반이라 해도 생리를 시

---

1  Fight for Justice HP 「証言 : 連行一覧」, http://fightforjustice.info/?page_id=445 참고. 이
   표는 한국뿐만 아니라 일본, 중국, 북한에 있는 피해 여성들의 증언에 의거하여 작성되었다.

작하지 않은 경우도 많았습니다. 실상이 이러한데도 미성년 소녀가 '위안부'가 된 경우가 소수의 예외적인 것이 아니라 오히려 미성년자가 많았던 것이 조선인 '위안부'의 특징 중 하나입니다.

여기서 유의해야 할 점은, 박유하는 필자와 같은 증언집[2]을 사용하면서도 피해 여성 대부분이 '10대 소녀'였다는 전체적인 실상을 무시한 채 "20세 이상"이라는 자신의 지론에 맞는 증언만을 골라내는, 자의적이고 폭력적인 정보 조작을 하고 있다는 점입니다. 그럼 박유하가 말하는 버마 미치나의 조선인 '위안부'들의 "평균 연령은 25세"란 사실일까요? 그렇지 않습니다. 다음 표1에서 알 수 있듯 실제로는 '평균 23세', 게다가 포로가 됐을 때의 나이입니다. 연행되었을 때는 '평균 21세'였고 20명 중 12명, 즉 과반수가 10대였습니다.[3]

이러한 사실은 다음과 같은 일본인의 증언으로도 확인할 수 있습니다. 중국 최대 규모의 위안소가 있었던 한커우 위안소의 병참위안담당이었던 야마다 세이키치는 조선인 '위안부'에 대해 "반도에서 온 이들은 (매춘) 경력도 없고 나이도 18, 19세의 젊은 여자들이 많았다"[4]라고 말했습니다.

---

2  金富子,「朝鮮植民地支配と『慰安婦』戦時動員の構図」, アクティブ・ミュージアム,「女たちの戦争と平和資料館」(wam) 編, 西野瑠美子・金富子責任 編集,『証言 未来への記憶 : 南北在日コリア編上』, 明石書店, 2006. 그리고 같은 책 하권(2010)을 참조하기 바란다.

3  山田清吉(元兵站副官),『武漢兵站―支那派遣軍慰安係長の手記』, 図書出版社, 1978, 86쪽.

4  미국 戦時情報局心理作戦班,「日本人捕虜尋問報告」第49号(1944. 10. 1.), 吉見義明 編集・解説,『従軍慰安婦資料集』, 大月書店, 1992, 451~452쪽.

| | 이름<br>(이니셜) | 출신지 | A=포로 당시 연령<br>(1944년 8월) | B=연행 당시 나이<br>(1942년 8월) |
|---|---|---|---|---|
| | | | | |

[표1] 버마 미치나의 조선인 '위안부' 연령(포로가 되었을 때와 연행되었을 때)

| | 이름<br>(이니셜) | 출신지 | A=포로 당시 연령<br>(1944년 8월) | B=연행 당시 나이<br>(1942년 8월) |
|---|---|---|---|---|
| 1 | S | 경상남도 진주 | 21세 | 19세 |
| 2 | K | 경상남도 삼천포 | 28세 | 26세 |
| 3 | P | 경상남도 진주 | 26세 | 24세 |
| 4 | C | 경상북도 대구 | 21세 | 19세 |
| 5 | C | 경상남도 진주 | 27세 | 25세 |
| 6 | K | 경상북도 대구 | 25세 | 23세 |
| 7 | K | 경상북도 대구 | 19세 | 17세 |
| 8 | K | 경상남도 부산 | 25세 | 23세 |
| 9 | K | 경상남도 금복 | 21세 | 19세 |
| 10 | K | 경상북도 대구 | 22세 | 20세 |
| 11 | K | 경상남도 진주 | 26세 | 24세 |
| 12 | P | 경상남도 진주 | 27세 | 25세 |
| 13 | C | 경상남도 경산군 | 21세 | 19세 |
| 14 | K | 경상남도 함양 | 21세 | 19세 |
| 15 | Y | 평안남도 평양 | 31세 | 29세 |
| 16 | O | 평안남도 평양 | 20세 | 18세 |
| 17 | K | 경기도 경성 | 20세 | 18세 |
| 18 | H | 경기도 경성 | 21세 | 19세 |
| 19 | O | 경상북도 대구 | 20세 | 18세 |
| 20 | K | 전라남도 광주 | 21세 | 19세 |
| 평균 연령 | | | 23.15세 | 21.15세 |

* 출전 : 미국 戰時情報局心理作戰班, 「日本人捕虜尋問報告」第49호(1944.10.1.)
   吉見義明 編集·解說, 『從軍慰安婦資料集』, 大月書店, 1992, 451~452쪽을 바탕으로 작성.
* 주 : 1) 버마 미치나 함락 후, 1944년 8월 10일에 조선인 '위안부' 20명(일본인 민간인 2명)이 미군
   의 포로가 되어 심문을 받았다(A). 심문에 의하면 1942년 5월 초에 조선에 온 일본인 주선
   업자의 "거짓 설명을 믿"은 조선인 여성 800명이 연행되어, 1942년 8월 20일 단체로 "위안소
   주인"에게 이끌려 랑군에 상륙, 버마 각 지역에 배치되었다(B). 이 사실에 의거해 B는 A보다
   두 살을 뺀 연령으로 표시했다.
   2) 검게 칠해진 부분은 연행 당시 10대. '20세'는 국제법상 '미성년'이었다. (Q6 참조)

## 타깃이 된 '젊은' 식민지 소녀들

'위안부'를 민족별로 살펴보면 조선인의 비율이 가장 높았고 연령별로는 미성년자가 많았는데, 그 이유를 요시미 요시아키의 연구를 통해 검토해 보겠습니다.[5]

첫째, 일본 정부가 매춘 여성이 아닌 일본인 여성을 '위안부'로 전쟁터에 보내면 "총후(銃後)의 국민, 특히 출정병사 유가족들에게 좋지 않은 영향을 줄 수 있다"[6]라고 판단했던 것을 들 수 있습니다. 그렇기 때문에 일본에서의 징집 대상은 아래와 같았습니다.

> 내지의 창기 기타 사실상 추업(매춘)에 종사하며 만 21세 이상, 그리고 화류병(성병) 기타 전염성 질환이 없는 자.[7]

즉 일본인 여성은 '만 21세 이상, 성병이 없는 매춘 여성'만이 징집 대상이었다는 말입니다. 하지만 이 세 가지 조건을 모두 갖춘 일본인 여성을 찾는 일은 그리 쉽지 않았습니다. 일본 '내지'에서의 대규모 징집이 불가능해지자 식민지 여성이 타깃이 되었습니다. 이는 요시미 요시

---

5  吉見義明, 『従軍慰安婦』, 岩波新書, 1995, 160~174쪽.
6  内務省警保局長通牒, 「支那渡航婦女の取扱に関する件」(1938.2.23.). "총후"란 전쟁터 즉 전선이 아닌 후방을 뜻한다.
7  内務省警保局長通牒, 앞 문서.

아키가 말하듯 "명백한 민족차별"입니다.

둘째, 국제법의 규정을 빠져나가기 위해 식민지를 이용했기 때문입니다. 당시 '부녀매매금지에 관한 국제조약' 4개 중 일본은 1904년, 1910년, 1921년에 3개 조약에 가입하고 1933년의 네 번째 조약은 비준하지 않았습니다. 1910년 조약은, 본인이 승낙했더라도 미성년 여성에게 매춘을 시키는 것을 금지하고(제1조), 성인 여성이라도 매춘을 목적으로 사기나 강제적 수단을 썼다면 형사처벌을 받는다(제2조)는 내용으로, 일본인 여성에게는 적용되었습니다. 국제조약에서 미성년은 "20세 미만"(1910년 조약), "21세 미만"(1921년 조약)으로 규정되었기 때문에 일본 정부는 일본에서의 '위안부' 징집 대상을 앞서 말한 '만 21세 이상, 매춘 여성'으로 한정시킨 것입니다.

그러나 일본 정부는 식민지 조선과 타이완에는 '부녀매매금지에 관한 국제조약'을 적용하지 않았습니다.(Q10 참조) 일본군은, 식민지에서는 국제법을 신경쓰지 않아도 되는 점을 이용하여 일본 '내지'에서는 국제법 규정 때문에 징집하지 못했던 '미성년, 성병이 없는 비매춘 여성'을 식민지 조선과 타이완에서 대량으로 징집하여 그들에게 '위안부'를 강요했던 것입니다.[8]

---

8  단 여성들을 수송할 때 일본 영토라고 간주되는 일본의 선박을 사용하거나 일본군 수뇌부가 수송을 지시한 경우에는 식민지에서 징집, 출발했다 하더라도 국제법이 적용된다는 견해가 최근 학계의 주장이다.

## 일본군 장병의 성병 대책이라는 이유

그럼 왜 일본 정부는 군이 '성병이 없는 여성'을 고집했을까요? 이 문제는 '위안부' 피해자 중 조선인 미성년자가 많았던 세 번째 이유와 관련이 있습니다. 즉 일본군 장병의 성병 대책을 위해 식민지의 성 경험이 없는 미혼 소녀를 노린 것입니다. 실제로 1938년 초 상하이에서 '위안부'의 성병 검진을 했던 군의 아소 테츠오가 작성한 의견서 '화류병의 적극적 예방법'[9]에 의하면, 조선인 '위안부'는 "화류병이 의심되는 자는 극히 소수"이고 "젊은 연령에 초심(初心 : 성경험이 없는-번역자 주)인 자가 많다"라고 합니다. 그리고 '위안부'는 "젊어야 한다"라고도 썼습니다.

일본군 군의였던 아소 테츠오의 의견서는, '위안부' 제도가 일본군 장병의 성병 대책을 위한 정책이었고, 박유하가 말하는 "업자의 의지"가 아니라 일본군 스스로가 '성병이 없는 젊은 위안부'를 필요로 했음을 보여 줍니다.

물론 조선인 '위안부' 중에는 연행 당시 성인이었거나(67쪽 표1 참조) 공창 출신인 경우도 있기 때문에, 모두가 '미성년 비매춘 여성'이었다고 할 수는 없습니다. 특히 공창 출신 여성은 공창 제도와 일본군 '위안부' 제도하의 이중의 성노예 피해자라 할 수 있습니다.[10] 하지만 증언과 자

---

9   1939.6.26. 麻生徹男,『上海から上海へ 兵站病院の産婦人科医』, 石風社, 1993 참고.
10  공창 출신 일본인 '위안부' 피해와 특징에 대해서는 西野瑠美子,「日本人「慰安婦」の処遇と特徴」 VAWW RAC 編,『日本人「慰安婦」』(現代書館, 2015)를 참조하기 바란다.

료를 통해 조선인 '위안부'의 전체상을 보면, 식민지에는 국제법이 적용되지 않았고 일본군 장병의 성병 대책이라는 측면 때문에 성경험이 없는 미혼 소녀들이 가장 큰 타깃이 되었다고 할 수 있습니다.

세 가지 이유를 정리해 보았지만, 무엇보다 당시 조선이 일본의 식민지 지배하에 놓여져 있었던 것이 핵심적인 이유입니다. 일본인 여성을 '위안부'로 끌고 가기에는 제약이 많지만, 식민지 조선의 여성이라면 미성년자까지 얼마든지 끌고 가도 문제없다는 민족차별적 의식을 일본군과 일본 정부가 근저에 갖고 있었기 때문에 조선인 미성년 '위안부' 피해자가 많았던 것입니다.

# 조선인 '위안부'는
# 성노예가 아니라
# "제국의 위안부"였다?

●
김
부
자

## '위안부'는 성노예가 아니었다?

일본군 '위안부'는 '성노예가 아니었다'고 말하는 사람들이 있습니다.
"병사와 위안부의 심정적 교류도 없진 않았고 (…) '성노예'라는 낙인을
찍는 것은 실례라고 봐야 한다"(히타 이쿠히코)[1]라든가, '위안부'는 공창
제도하에서 일했고 고수입에 대우도 좋았으니 성노예가 아니었다[2]라
든가, 최근에는 "일본이라는 국가 전체가 성노예로 만들었다는, 말도
안 되는 중상모략"(아베 총리)[3] 등이 그 예입니다. 새로운 버전으론 "'성
노예'란 성적 혹사 이외의 경험과 기억을 지워버리는 말"[4](박유하)도 등

---

1  秦郁彦,『慰安婦と戦場の性』, 新潮選書, 1999, 390~396쪽.

2  "THE FACTS", *Washington post*, 2007. 6. 14.

3  아베 총리가 중의원 예산위원회(2014. 10. 3.)에서 한 발언.

장했습니다. 모두 조선인 '위안부'를 가리키고 있습니다.

하지만 성노예란, 박유하가 말하는 "기억"의 문제가 아니라 역사학과 국제법에서 '위안부' 제도의 실체를 가리키는 용어입니다. 이걸 "기억"의 문제로 논하면 논점을 바꿔치기 한 셈입니다. 그럼 위 발언과 같이 '위안부'는 공창이고 대우가 좋았고 외출의 자유가 있었으며 심정적 교류가 있었으니 성노예가 아닌 걸까요?

## '위안부'의 실태는 성노예 : 역사학과 국제법

역사학과 국제법이 밝힌 '위안부' 제도의 실태를 간단히 살펴보겠습니다.

1990년대에 들어 한국에서 김학순 할머니가 처음 증언을 하고 나서 아시아 각국의 피해 여성들이 증언하기 시작하자,(Q15 참조) 요시미 요시아키를 비롯한 역사학자들이 수많은 피해/가해 증언과 발굴해낸 공문서를 바탕으로 '위안부' 제도 연구를 비약적으로 발전시켜 왔습니다. 요시미 요시아키는, 공창제도는 "거주, 폐업, 선객(選客), 외출, 휴업의 자유"가 법률상으로는 규정되어 있지만 실제로는 업주에게 빼앗겨 보장받지 못하는 성노예제도이고, 일본군이 창설, 관리, 운용한 군 '위안부' 제도에서는 공창제 이상으로 위와 같은 자유가 군과 업자에게 박

---

4 　朴裕河, 『帝国の慰安婦』, 朝日新聞出版, 2015, 143쪽.

탈당한, 문자 그대로의 성노예제도였음을 밝혔습니다.[5] '고수입'도 위안소가 있었던 지역의 인플레를 고려하지 않은 것에서 비롯된 사실 오인이고,(Q5 참조) '대우가 좋았다'는 말도 군인의 시선으로 본 것에 지나지 않습니다. 오히려 군인들의 증언 중에는 반대로 '위안부'들의 삶이 비참했다는 증언도 적지 않습니다.

피해자들이 증언을 하기 시작한 1990년대, 국제사회에서 성노예라는 용어가 등장했습니다.[6] 국제형사재판소규정(ICC규정) 등의 정의에 따르면, 성노예란 성행위를 시키는 것을 목적으로 하는, 노예제의 한 형태입니다. 원래 노예제란 "소유권 행사에 부속되는 권한의 일부 또는 전부의 지배를 받는 사람의 지위 또는 상황"이 만들어지고, 자유가 현저히 박탈당한 상태에서 사람을 지배하는 것입니다. (1926년 노예제조약)

그렇다면 일본군 '위안부' 제도는 국제법에서 규정하는 성노예일까요? '위안부' 제도의 형태는 여성의 출신 민족, 지역이나 상황 등에 따라 다양한 차이가 있었습니다. 하지만 어떤 형태의 '위안부' 제도도 모두 공통적으로 피해 여성들이 일본군 장병과의 성행위라는 강제된 목적

5  吉見義明,『日本軍「慰安婦」制度とは何か』, 岩波ブックレット, 2010.「1 これだけは知っておきたい Q&A」(Fight for Justice ブックレット『「慰安婦」·強制·性奴隷 あなたの疑問に答えます』, 御茶の水書房, 2014) 참조.

6  '성노예'는 1993년 오스트리아 빈에서 개최된 제2회 세계인권회의, 1995년 북경에서 열린 제4회 세계여성회의 등에서 사용되었고 1998년 국제형사재판소규정(ICC규정)에서 국제범죄로 명확히 확립되었다. 東澤靖,「「慰安婦」制度は、性奴隷なのか―国際法の視点から」(Fight for Justice ブックレット 2『性奴隷とは何か』, 日本軍「慰安婦」問題webサイト制作委員会 編, 吉見義明·小野沢あかね·前田朗·大野聖良·金富子·東澤靖·林博史 著, 御茶の水書房, 2015) 참조.

하에 일본군과 업자들에게 행동을 지배당하고 자유를 현저히 박탈당한 "상황"에 놓여 있었다는 사실이 역사학 연구와 증언으로 밝혀졌습니다. 이러한 의미에서 '위안부' 제도는 국제법에서 규정하는 성노예라는 공통인식이 1990년부터 국제사회에서 형성되었습니다. 이러한 국제사회의 공통 인식을 유일하게 인정하지 않는 것이 일본 정부입니다.

## 조선인 '위안부'는 "제국의 위안부"? : 일본인 '위안부'와 혼동

그런데 '위안부는 성노예가 아니었다'고 주장하는 사람들 중에 조선인 '위안부'에 대해 일본인 '위안부'에 가까운 "제국의 위안부"로 묘사하며 "애국"적 역할이나 군인과의 연애, 심정적 교류를 강조하는 사람이 있습니다.[7] 이들의 특징은, 일본인 군인과 조선인 '위안부'는 위안소에서 "같은 일본인으로서 '동지적 관계'"에 있었으니 지배/피지배의 관계가 아니었다고 강조하고, 식민지 지배는 '합법·유효'이지 불법·부당하지 않았다는 식으로 인식하고 있다는 것입니다.[8] 게다가 법적 책임은 업자에게 있지, 일본군과 일본 정부에는 없다고 주장하기까지

---

7   예를 들어 박유하의 저서 『제국의 위안부』 제목 그 자체와, 이 책에 실린 "조선인 위안부의 역할은, (…) 기본적으로는 일본 제국을 지탱하는 '애국'의 의미"(275쪽), "조선인 위안부도 별다르지 않게 연애의 대상이 될 수 있었던 것은 그녀들이 틀림없는 '대일본제국'의 일원이었기 때문"(80쪽) 등의 문장을 들 수 있다. 또 본문에서 인용한 "병사와 위안부의 심정적 교류도 없진 않았고"(秦郁彦)도 마찬가지다.

합니다.[9](Q3 참조)

그렇다면 정말 조선인 '위안부'가 "같은 일본인"으로서 "제국의 위안부"였는지, 징집과 위안소에서의 생활부터 증언과 자료에 의거하여 차근차근 살펴보기로 하겠습니다.


## 조선인 '위안부'의 실태 = '식민지의 위안부'

우선 '위안부' 징집 과정을 보면, 일본은 국제법이 적용되지 않는다는 점을 이용해 식민지의 여성들을 대거 '위안부'로 끌고 갔는데 이것은 "명백한 민족차별"이었습니다. (Q6 참조)

다음으로 위안소에서의 생활을 보겠습니다. 조선인 '위안부'들은 일본어와 일본식 이름을 강요당했는데 대부분 학교에 다닐 수 없었기 때문에 일본어는 위안소에서 익혀야 했습니다.[10] 옷은 일본식 기모노를 입어야 했습니다. 즉 위안소에서는 말과 이름, 복장까지 일본인임을 강요받고 조선인이라는 그 자체가 허용되지 않았던 것입니다.

---

8  예를 들어 "조선인 위안부와 일본인 병사와의 관계가 구조적으로는 '같은 일본인'으로서의 '동지적 관계'"(朴裕河, 앞의 책, 83쪽) 및 "일한병합이 (…) 합법의 형태가 되어버려 있었다"(앞의 책, 184쪽), "이 조약(한국병합조약-인용자 주)이 '양국 합의'", "당시의 병합이 '법적'으로는 유효"(앞의 책, 185쪽) 등으로, 박유하 씨는 '합법·유효'설에 의거하여 논의하고 있다.

9  예를 들어 "규탄해야 할 '범죄'의 주체는 우선 업자들"(朴裕河, 앞의 책, 34쪽), "위안부들을 끌고 간 '법적 책임'은 직접적으로는 업자에게 물어야 한다. (…) 수요를 만들어 낸 일본이라는 국가의 책임은 비판은 할 수 있어도 '법적 책임'을 묻기는 어렵다"(앞의 책, 46쪽) 등.

그렇다고 "같은 일본인"으로 대우 받았을까요? 일본군 장병들은 '위안부'를 "일본 삐", "조선 삐", "시나 삐"[11] 등 여성과 민족을 폄하하는 차별용어로 불렀습니다. 위안소에서는 대부분의 경우 일본인 '위안부'는 장교용, 조선인과 중국인 '위안부'는 일반병사용으로 구분되었는데, 일반병사의 수가 많은 만큼 후자의 처우는 가혹했습니다. '단가(가격)'는 일반병사나 하사관의 경우 '내지인(일본인) 2엔', '반도인(조선인의 차별용어) 1엔 50전', '시나인(중국인의 차별용어) 1엔', 장교는 두 배로 서열화되어 있었습니다만[12] 정해진 가격을 치르지 않는 경우도 있었습니다. 조선인 '위안부'가 주로 위험한 전선으로 보내졌고 보다 장기간 구속되었다는 것도 일본인 '위안부'와 다릅니다.

병사와의 연애나 심정적 교류가 있었다고 해도 트라우마 연구에 의하면 그건 가혹한 현실에서 살아 남기 위한 반사적 행동, 즉 스톡홀름 증후군[13]이라 생각됩니다. 더우기 일부를 전체화시켜 "같은 일본인으

---

10  박두리 할머니는 '후지코'라고 불렸는데 '이랏샤이마세(어서 오세요)', '아리가토 고자이마스(고맙습니다)', '오사케(술)' 등 일본어 사용을 강요받았다. 또 박영심 할머니와 박두리 할머니는 일본인 여성으로 보여야 한다는 이유로 조선인 여성의 상징이라 할 수 있는 긴 머리를 잘렸다. 金富子,「朝鮮植民地支配と『慰安婦』戦時動員の構図」, アクティブ·ミュージアム,「女たちの戦争と平和資料館」(wam) 編, 西野瑠美子·金富子責任 編集,『証言 未来への記憶 : 南北在日コリア編上』, 明石書店, 2006 및 같은 책 하권, 2010, 참조.

11  "삐"는 '위안부'를 멸시하는 용어이고 "시나"는 '支那', 즉 중국에 대한 차별 용어이다.

12  独立攻城重砲兵第二大隊,「常州駐屯間内務規定 第9章慰安所使用規定 昭和一三(1938)年三月」, 吉見義明 編集·解説,『従軍慰安婦資料集』, 大月書店, 1992 수록.

13  宮地尚子,『トラウマ』, 岩波新書, 2013, 제4장 참조. 스톡홀름 증후군이란 유괴나 감금사건 등의 피해자가 범인과 오랜 시간을 함께 지냄으로써 범인에게 과도한 연대감이나 애착 등 특별한 의존 감정을 품게 되는 심리적 현상을 말한다.

로서 '동지적 관계'"라고 하는 건 논리적 비약입니다.

이렇듯 일본군은 겉으로는 "내선일체"니 "대동아공영권"이니 하면서, 위안소에서는 여성들을 민족별로 달리 처우하며 민족 간을 차별, 분리시키는 정책을 취했습니다. 심지어 일본 패전 후 조선인 '위안부'에게는 그 사실을 알리지도 않았고 일본인 '위안부'와는 달리 현지에 버려두고 오기도 했습니다.[14]

'제국의 위안부' 담론의 가장 큰 문제점은, 조선인 '위안부'를 일본인 '위안부'[15]와 혼동하고 둘 사이에 존재하는 징집과 처우의 차이(민족차별)와 일본군의 책임, 그리고 식민지 지배 책임을 은폐해버린다는 점입니다. 조선인 '위안부'는 일방적으로 '일본 국적'을 강요당한 데다가 자신들을 지배하는 일본의 침략전쟁을 수행하기 위해 성적 도구로 동원되었다가 쓰고 버려졌다는 것, 이것이 실상입니다.

즉 조선인 '위안부'는 구조적으로도 실상으로도 "같은 일본인"으로서 "동지적 관계"에 있었던 "제국의 위안부"가 아니라, 식민지 지배를 배경으로 전쟁에서 민족차별적 징집과 처우를 강요당한 '식민지의 위안부'였습니다.

---

14 안세홍, 『겹겹 : 중국에 남겨진 일본군 '위안부' 이야기』, 서해문집, 2013 참조.

15 일본인 '위안부'는 위안소에서 상대적으로 특권적 대우를 받았고, '나라를 위해서'라는 이른바 '애국' 의식을 갖고 있었다. 자세한 내용은 西野瑠美子, 「日本人「慰安婦」の処遇と特徴」 VAWW RAC 編, 『日本人「慰安婦」』(現代書館, 2015)를 참조하기 바란다.

# 피해자의 목소리에
# 귀를 기울이고
# 있는가?

●
양
징
자

박유하의 『帝国の慰安婦』(朝日出版社)는 다각적, 종합적으로 비판해야 할 필요가 있습니다만, 여기서는 피해자에 대한 인식에 관해서만 말씀 드리겠습니다.

일본의 이른바 진보 언론과 지식인들이 이 책을 칭찬하고 있는데 저는 이러한 일본에서의 반응이 염려스럽습니다. 그들은 ① '위안부'가 된 여성 "한 사람 한 사람의 다양하고 각자 다른 목소리에 귀를 기울이"고 있고, ② 자국(한국)의 내셔널리즘을 "공평하게" 바라본 "고독한" 작업이라는 이유로 이 책을 높이 평가하고 있는 것 같습니다.

■ 양징자(일본군'위안부'문제해결전국행동 공동대표)
 (이 글은 2015년 8월 14일에 개최된 〈전후 70년, 동아시아 포럼〉의 분과 '가해자가 '화해'를 말할 수 있는가'에서 발언한 내용을 가필 수정한 것입니다.)

우선 이 책에서 ①에 관련된 부분을 소개하겠습니다.

'피해자'의 틀에서 벗어나는 기억을 은폐하는 것은 위안부의 전 인격을 받아들이지 않는 일이기도 하다. 그것은 위안부들에게서 스스로 기억의 '주인'이 될 권리를 빼앗는 것이기도 하다. 타자가 바라는 기억만을 가지게 한다면 그것은 일종의 종속을 강제하는 것이 된다.

저는 이러한 인식에는 전적으로 동의할 수 있습니다. 저를 포함하여 피해자들을 지원해 온 사람들은 모두들 같은 마음가짐으로 피해자들을 만나왔다고 생각합니다. 그렇기 때문에 박유하가 "그런 목소리는 지원자들에게 무시당했다", "위안부들의 '기억'을 취사선택해왔다"라고 기술한 것에는 동의할 수 없습니다.

또 "조선인 위안부와 일본군 병사와의 관계가 구조적으로는 '같은 일본인'으로서의 '동지적 관계'였다"라고 하는, "그녀들에게는 분명 소중했을 그 기억을 그녀들 스스로가 '모두 버리'게 된다. 그 이유는 (그 기억을)'가지고 있으면 문제가 될지도 모르기 때문'"이라고 박유하는 말합니다. "그 기억을 은폐하려 한 것은 우선 당사자들—그녀들 자신이었다"라고 하며, "그러한 기억을 없애고 망각시키는 것은 (…) 폭력적"이라고 말합니다. 그리고 한국에서 '위안부'에 대한 집단기억을 만들고 또 굳혀온 것은 한국의 지원단체인 '한국정신대문제대책협의회'라고 기술하고 있습니다.

"조선인 위안부와 일본군 병사와의 관계가 동지적 관계였다고 하는,

그녀들에게는 분명 소중했을 그 기억"이라는 박유하의 해석은 결코 받아들일 수 없습니다. 하지만 피해자 스스로가 말하지 않게 된 기억이 존재한다는 것은 사실입니다. 말하지 않게 된 원인은 사회의 몰이해와 억압이었습니다. 그리고 이에 대해 누구보다도 슬퍼하며 가까이 다가가, 당신의 경험을 있는 그대로 말해도 된다고 계속 이야기해 온 사람은 지원 단체 사람들이었습니다.

## 피해 증언의 폭력적인 취사선택과 해석 방식

박유하는 조선인 위안부들은 다른 점령지의 피해자들과 달리 "제국의 위안부"로서 일본군 병사와 "동지적 관계"를 맺고 있었다고 주장하기 위해, 소설뿐 아니라 자신이 비판하는 정대협과 정신대연구소가 편찬, 출판한『강제로 끌려간 조선인 군위안부들 : 증언집』1~5권에서 많은 부분을 인용했습니다.

정대협은 피해자들의 증언을 진지하게 듣고 여섯 권의 증언집[1]으로 기록, 간행하여 있는 그대로를 전하려고 노력해 왔습니다. 그렇기 때문에 박유하는 이 증언집에서 '위안부' 중에는 일본군 병사에게 연애감정을 가진 사람이 있었다든지, 군인과 평화로운 한때를 보낸 경우도

---

1   위에서 말한 증언집 1~5권과 여섯 번째 증언집 『역사를 만드는 이야기』

있었다든지 하는 증언을 찾을 수 있었던 것입니다. 『제국의 위안부』의 표지에는 "위안부들의 증언을 정성껏 취합해"라고 쓰여 있는데, 이 증언집에서 자신이 주장하고 싶은 내용에 맞는 부분만을 "정성껏 취합한" 것이 바로 『제국의 위안부』입니다. 박유하의 말을 빌어 표현하자면 『제국의 위안부』야말로 피해자들의 증언을 "취사선택"했으며 "폭력적"이라 할 수 있습니다.

증언의 취합 방식뿐 아니라 해석 방식도 폭력적입니다. 박유하는 문학작품을 읽고 평론하는 듯한 방식으로 이 증언집을 해석하려 했습니다만, 상상력의 결여와 독해력의 졸렬함을 여지없이 드러냈습니다.


**애니메이션 〈소녀 이야기〉는 증언 중 "자발성" 부분을 삭제했다?**


한 가지 예로, 일본에서도 출판된 피해자 정서운 할머니의 육성이 담긴 3D 애니메이션 〈소녀 이야기〉[2]를 들어보겠습니다. 박유하는 정서운 할머니가 "스스로" 갔다고 증언했음에도 불구하고 애니메이션에서는 그 부분의 음성이 고의로 삭제되었다고 지적했지만, 사실은 그렇지 않습니다.

---

2   인도네시아로 끌려가 '위안부'가 된 정서운 할머니의 인터뷰 육성을 담은 김준기 감독의 애니메이션 작품. 일본에서도 김준기 저, 한국정신대문제대책협의회 역, 『日本軍「慰安婦」被害者 少女の物語－DVD付き絵本』(日本機関紙出版センター, 2014)으로 출판되었다.

그림책 『日本軍「慰安婦」
被害者 少女の物語』표지

　원작인 한국어판에는 "그래가지고 내가 자청을 해서 간 기라"라는
음성과 함께 한국어 자막이 그대로 들어 있습니다. 일본어판의 자막은
"行くって言ってしまったんだよ(간다고 해버린 거라)"라고 짧막하게 붙어
있지만 음성은 삭제되지 않고 한국어판과 똑같이 나옵니다.

　게다가 이 증언의 배경은 이렇습니다. 놋그릇 공출에 저항하던 아버
지가 체포되자 딸 정서운은 공장으로 일하러 가면 아버지를 석방시켜
주겠다는 말을 믿고 스스로 가겠다고 했다, 이것입니다. 이 이야기를
"자발적으로 갔다"라고 해석하는 박유하의 감각을 저는 도저히 이해
할 수 없습니다. 또 실제로는 지우지도 않은 음성을 작가 또는 운동단
체가 지웠다는 말까지 지어내며 운동단체를 "위안부들의 기억을 조작
하는" 사람들로 묘사해야 할 이유가 도대체 뭔지 모르겠습니다.

　또한, 본인의 자발성 유무에 따라 피해에도 차이가 나는 것처럼 생

각하는 사고방식이야말로 피해자들로 하여금 사실 그대로를 말하지 못하도록 만든 무언의 압력이었다는 점을 강조하고 싶습니다. 국가가 여성의 성을 전쟁 수행을 위한 도구로 이용한 중대한 인권침해였다는 것이 '위안부' 문제의 본질입니다. 만일 당사자가 스스로 결정해서 갔다고 하더라도, 혹은 '위안부'가 된다는 사실을 알고 갔다고 하더라도, 그 여성들에 대한 국가의 죄가 면죄되지는 않습니다. 이것이 사반세기에 걸친 일본군 '위안부' 문제 해결운동이 알아낸 사실입니다. 그런데도 군인에 의한 폭력적인 연행만을 '강제연행'으로 규정하고, 그러한 '강제연행'이 아닌 경우를 '자발적'인 것처럼 말하는, 그런 시각 때문에 피해 당사자들 중에는 사실을 있는 그대로 말할 수 없게 된 분들이 있다는 사실을 박유하야말로 알아야 할 것입니다.

**아픔에 대한 증언을 경이로운 방식으로 해석하다.**

〈소녀 이야기〉와 관련된 기술 중 재판[3]에서 삭제 결정이 내려진 부분은 아래 문장입니다.

---

3  2014년 6월 나눔의 집 '위안부' 피해자 9명이 박유하의 한국어판 『제국의 위안부』에 대해 명예훼손과 출판금지가처분을 요구하며 제소한 재판. 이듬해 2015년 2월 서울지방법원은 명예훼손을 인정해 34군데의 표현을 삭제하지 않으면 출판 등을 금지하겠다는 가처분결정을 내렸다. Q19의 주2를 참조하기 바란다.

아편은 하루하루의 아픔을 잊기 위한 수단이었을 것이다. 그러나 증언에 의하면 대부분은 '주인'이나 상인을 통한 직접 사용이었다. 군인과 함께 사용한 경우는 오히려 즐기기 위한 것으로 보아야 한다.

저는 한국어판을 처음 읽었을 때 경악을 금치 못했습니다. 이렇게 표현되었음을 알고 나눔의 집(Q19 주1) 할머니들이 소송이라는 수단을 택한 것도 무리가 아니라고 생각했습니다. 일본어판에도 "아편은 신체의 아픔을 완화하는 한편 때로는 성적 쾌락을 배가시키기 위해 사용되었다"라고 쓰여 있습니다.

박유하는 위 증언집을 근거로, "아편은 군인과 함께 사용한 경우에는 즐기기 위한 것이었다", "성적 쾌락을 배가시키기 위해 쓰였다"라고 기술했습니다. 증언집의 수록 내용 중 그 근거가 되었다고 추정 가능한 부분은 아래 인용문, 딱 한 군데였습니다.

군인들이 몰래 찔러줬는데. 같이 아편을 찌르고 그걸 하면 그렇게 좋다고 하면서 여자도 찔러주고 자기들도 찌르고, 그렇게 했어요.

보시다시피 이 문장의 주어는 군인입니다. 군인이 무슨 말을 하면서 '위안부' 여성들에게 아편 주사를 놓았는지를 말하는 증언입니다. 위안소라는 곳을 너무나도 목가적으로 보는 환상이 없다면, 이 증언을 '위안부' 피해 여성이 함께 즐기기 위해 아편을 사용했다고 해석하지는 못하리라 생각합니다. 피해자들의 증언을 직접 들은 적이 없다는 이유만으로는 설명할 수 없습니다. 피해자의 증언을, 그 증언을 할 때의 고통스러운 표정까지 포함해서 들어온 우리들 입장에서는 경악을 금치 못하는 해석입니다.


## 송신도 할머니의 증언에서 알 수 있는 복잡성 PTSD

제가 지원해온 송신도 할머니의 예를 들겠습니다.[4] 송신도 할머니는 처음으로 군인에게 당했을 때의 일을 물을 때마다 항상 말을 돌리며 답해주지 않았습니다. 중국에서 '위안부'를 강요받은 7년 중 초반 3년에 대해서는 좀처럼 이야기하지 않고, 후반 4년에 대해서는 본인이 어떻게 자신의 몸을 지켜냈는지를 자랑스럽게 말해주었습니다. 우리들은 송신도 재판을 지원하는 과정에서 그녀의 언행이 지니는 의미를 계속 분석했습니다. 그러나 아무리 고민하고 분석해봐도 이해가 안 되는 부분이 많았습니다. 그러던 중 주디 루이스 허먼(Judith Lewis Herman)의 『心的外傷と回復』[5]이라는 책을 접하게 되었습니다.

허먼은 가해자에게 장기간 감금된 피해자가 보이는 장기반복성 외상에 대해서는 현행 진단기준으로는 대응할 수 없고 '복잡성 PTSD'라

---

4 16세 때(1938년) 속아서 중국 무한으로 연행되어 '위안부'가 되었다. 일본 패전 후 일본의 군인에게 끌려 일본으로 갔다. 1993년에 일본 정부를 상대로 '사죄와 보상'을 요구하며 제소했다.

5 ジュディス・L・ハーマン 著, 中井久夫訳, みすず書房, 1996. 증보판은 1997.

는 새로운 진단기준을 설정해야 한다고 주장하고 있었습니다. 송신도 할머니가 보여준 다양한 시그널의 의미를 그제야 이해할 수 있을 것 같은 생각이 들었습니다.

소독약을 마시고 자살하거나 군인과 함께 동반자살을 한 여자에 대해 이야기하면서 "죽는 것만큼은 싫었다"라고 하는 송신도 할머니는 전장의 위안소에서 살아남기 위해 싫다고 하는 마음을 죽인 것입니다. 그래서 초반 3년간, 특히 첫 강간에 대해서는 지금도 기억을 떠올리지 못하고 있고 한 번도 이야기한 적이 없습니다. 이는 속아서 끌려간 당시, 송신도 할머니도 스스로 목숨을 끊은 다른 여자들과 마찬가지로 '위안부'를 강요당하는 것이 죽을 만큼 싫었다는 것을 보여줍니다. 하지만 송신도 할머니는 신체의 목숨을 선택했습니다. 목숨을 선택하기 위해 죽일 수밖에 없었던 마음과 기억이 그 후의 인격 형성에 영향을 끼쳤다고 생각합니다.

그리고 허먼에 따르면, 장기간 감금된 피해자는 가해자를 통해서만 바깥세상을 알 수 있으며 가해자를 통해서 세상을 인식하게 된다고 합니다. 일본 군인의 꼬임으로 일본으로 건너오지만 일본에 도착하자마자 버림당한 송신도 할머니가 달리는 기차에서 몸을 던져, 전장에서 자신의 마음까지 죽여가면서 지켜온 목숨을 버리려고 했다는 이야기도, 저는 이 책을 읽으면서 겨우 이해할 수 있을 것 같았습니다.

## 이해 불가능함을 자각하기

아주 오랫동안 본인의 경험을 말로 표현하지 못하고 있던 한 피해자의 증언을 최근에 처음으로 들을 수 있었습니다. 그 피해자가 있었던 위안소에는 방 세 개에 '위안부' 네 명, 평일에는 세 명이지만 주말에는 네 명이 모두 동원되었다고 합니다. "방은 세 개밖에 없다면서요?"라고 묻자 "그러니까 다 보여! 짐승의 생활이라고 했잖아!"라며 고통스럽게 얼굴을 찌푸렸습니다. 제가 만난 그 분이 가장 어렸기 때문에 2인 방에 들어갈 수밖에 없었고 공간을 나누는 그 무엇도 없이 바로 옆에서 또 한 명의 '위안부'가 군인을 상대하고 있었다는 것입니다. 그 광경이 떠올라 저는 말문이 막히고 말았습니다.

이 이야기를 들려준 피해자는 설날에 부대에서 떡메 치기를 했다고 말하면서 딱 한 번 얼굴에 환한 미소를 띠었습니다. 그때의 그 떡이 이 세상 것이라고는 생각하지 못할 만큼 맛있었다고 하면서. 수년간의 '위안부' 생활 중 단 하나의 즐거운 추억을 말할 때 띠는 그 미소 뒤에 지옥 같았을 매일매일이 있었음을 생각하지 않을 수 없었습니다. 조선인 '위안부'는 송신도 할머니처럼 오랜 기간 '위안소'에서 살아남으려고 발버둥친 사람이 많습니다. 그러한 분들의 피해는 지극히 복잡합니다. 이를 이해하기 위해서는 우선, 아무리 대단한 상상력을 발휘하더라도 평범한 경험만을 가진 사람들은 도저히 이해할 수 없다는 겸허함이 필요합니다. 그런데 박유하에게는 이 겸허함이 느껴지지 않습니다.

이에 대해 저는 10여 년 전 『オレの心は負けてない』[6]에서 다음과 같

이 쓴 바가 있는데, 이 생각은 지금도 변함없습니다.

국가에 의한 중대한 인권침해 피해자가 안고 있는 어둠은, 평범한 체험밖에 하지 못한 사람들에게는 도저히 알 수 없는 것임을 깨달았다. 우리들의 운동은 '알 수 없다'는 것을 '아는' 것으로부터 시작되었다. 도저히 '알 수 없는' 그 어둠의 깊이를 인식하면서 알고자 하는 노력을 게을리 하지 않는 것, 송신도 할머니의 의사를 존중하고, 그녀를 운동에 이용하는 것은 스스로에게도 타인에게도 절대 용납지 않겠다는 것을 마음속에 단단히 새기며 임해 왔다.

## 피해자도 타협하고 다가가야만 '화해' 다?

정대협을 비롯한 지원단체가 피해자들의 "기억을 억압"하고 피해자들을 운동에 이용하여 '위안부' 문제해결을 어렵게 만들고 있다는 인식이, 현재 일본 사회에서 확산되고 있는 듯 보입니다. 특히 이 문제의 해결을 바라는 리버럴한 지식인들 가운데 이러한 인식을 가진 사람들이 늘고 있습니다. 그들은 스스로 인권을 존중한다고 하는 사람들이기 때문에 자신들이야말로 '지원단체에 이용당하는 피해자'들의 인권을 지켜

---

6  在日の慰安婦裁判を支える会 編, 『オレの心は負けてない―在日朝鮮人「慰安婦」宋神道のたたかい』, 樹花舎, 2007. 같은 제목의 다큐멘터리 영화(〈나의 마음은 지지 않았다〉, 안해룡 감독, 2009.)도 있다.

주려 한다고 착각하는 것 같습니다. 하지만 피해자들이 스스로의 의사도 없는, 지원단체에 쉽게 좌지우지되는 나약한 존재인 것처럼 보는 이러한 시각이야말로 반인권적인 사고방식임을 알아야 합니다. 그동안 우리가 접해온 생존자들은 지원자들이 '조종'할 수 있는 나약한 분들이 아니었습니다.

또 그들은 '위안부' 문제를 해결하고 한일 관계가 정상화되기 위해서는 한국 측에서도 양보해 줘야 한다고 생각하는 듯합니다. '위안부' 문제를 정치·외교 문제로 보고 외교적 관계에서 어느 한쪽만이 이길 수는 없으니 한국과 일본이 서로 양보해야 이 문제를 해결할 수 있다고 보는 것입니다. 피해자들도 타협하고 다가가야만 화해가 가능하다는 이러한 논조에 박유하의 책은 힘과 설득력을 실어주고 있는 듯합니다. 그러나 이러한 사고방식으로는 이 문제를 해결할 수 없습니다.

일본어판에서는 본인이 '국회 결의'를 통한 해결을 새로이 제시했다고 박유하는 강조하는데, 이는 이미 정대협의 7대 요구안에 들어 있습니다. 하지만 일본에서 국회 결의란 하늘의 별 따기입니다. 그래서 피해자가 받아들일 수 있는 해결책이 현실적이라는 생각으로 8개국의 생존자와 지원단체가 한자리에 모여 작성한 「제언 : 일본군 '위안부' 문제 해결을 위하여」에는 '국회 결의'가 들어 있지 않습니다. 일본의 정치구조상 도저히 불가능한 요구를 넣기보다 피해자들의 원칙적인 요구를 반영하면서 일본 정부도 받아들일 수 있을 만한 안을 강구해낸 것입니다.

진정한 해결을 바란다면 일본 정부가, 우리가 제시한 '제언'에 따르도록 한 목소리를 내야 할 것입니다.

칼럼 ──── '전후 일본'을
긍정하고픈 욕망과
『제국의 위안부』

─ 한국어판과 일본어판의 같고 다름은 무엇을 말하는가

●
정영환

박유하가 쓴 『제국의 위안부』의 특징은, 일본군에는 '위안부' 제도를 '발상'하고 업자의 인신매매를 '묵인'한 책임밖에 없다고 주장하면서 전후 일본이 식민지 지배에 대해 반성해 왔음을 강조하는 점에 있습니다. 이 책은 전체적으로 '전후사(戰後史)'를 긍정하고픈 일본의 내셔널리즘에 적극적으로 부응하고 있으니, 일본의 우파뿐만 아니라 이른바 '진보'적 인사들까지도 높이 평가하는 것 같습니다. 이러한 특징은 일본어판에서 보다 잘 드러납니다.

예를 하나 들어 보겠습니다. 식민지 지배에 대한 일본의 사죄에 대해, 한국어판에는 다음과 같이 쓰여 있습니다.

────

■ 정영환(메이지가쿠인대학 준교수)
(이 글은 한국어판을 간행하면서 새로이 추가되었습니다.)

말하자면 일본은 1945년에 제국이 붕괴하기 이전에 '식민지화'했던 국가에 대해 실제로는 공식적으로 사죄·보상하지 않았다. 조선 조정의 요청을 받았다고는 하지만 식민지화 과정에서의 동학군의 진압에 대해서도, 1919년의 독립운동 당시 수감/살해된 사람들에 대해서도, 간토(関東)대지진 당시 살해된 수많은 사람들에 대해서도, 그 밖에 '제국 일본'의 정책에 따르지 않는다는 이유로 투옥되거나 가혹한 고문 끝에 목숨을 잃은 사람들에 대해서도, 공식적으로는 단 한 번도, 구체적으로 언급한 적이 없는 것이다. 그리고 '조선인 위안부'들은 국민동원의 한 형태였다고 볼 수 있지만, 제국의 유지를 위한 동원의 희생자라는 점에서는 이들과 마찬가지로 식민 지배의 희생자다. (한국어판, 262쪽)

동학군 진압과 간토대지진 때의 조선인 살해를 "제국의 유지를 위한 동원의 희생자"로 규정한다면 이 규정은 명백히 역사적 사실에 위배됩니다. 그렇지만 어쨌든 저자가 무엇을 주장하고 싶은지는 알겠습니다. 일본은 조선인 '위안부'를 포함한 식민지 지배에 관련된 가해에 대해 한 번도 공식적으로 사죄한 적이 없다, 바로 이것을 주장하고 싶은 것입니다. 윗 단락 바로 다음에는, 그렇다고 해서 "한일조약 자체를 깨고 재협상하는 것이 꼭 최선의 해결책은 아니다"라는 문장으로 이어집니다.

그런데 일본어판에서는 윗 부분이 다음과 같이 고쳐 쓰여 있습니다. (밑줄 부분이 추가된 문장입니다)

그러한 의미로는 일본은 1945년 대일본제국 붕괴 후 식민지화에 대해 실제로는 한국에 공식적으로 사죄한 적이 없다. 양국의 정상이 만날 때마다 사죄를 해 왔고 이 사실은 한국에 보다 더 알려야 하겠지만, 그것(지금까지의 사죄 : 번역자 주)은 실로 애매한 표현에 불과했다. 1919년의 독립운동 때 살해된 사람들에 대해서도, 간토대진재 때 '조선인'이라는 이유만으로 살해된 사람들에 대해서도, 그리고 '제국 일본'의 방침에 따르지 않는다는 이유만으로 투옥되거나 가혹한 고문 끝에 목숨을 잃은 사람들에 대해서도, 공식적으로는 한 번도 구체적으로 언급할 기회가 없는 채로 오늘날까지 온 것이다.

단, 위와 같은 경우에 처한 일본인 또한 그러한 사죄나 보상의 대상이 되지는 않았다. 물론 이것은 치안유지법 등 당시의 체제비판을 단속하는 법률에 근거하여 행해졌기 때문에 적어도 〈법적〉으로는 책임이 없는 일이 된다. (일본어판, 251쪽)

한국어판과 일본어판의 해당 부분을 비교해 보면 일본어판에서는 크게 두 가지 점에서 강조점이 고쳐쓰였음을 알 수 있습니다.

우선 치안유지법으로 탄압받은 일본인들도 조선인과 "같은 경우에 처"해 있었다는 문장이 추가되었습니다. 3·1운동과 간토대진재 때의 조선인 학살과 일본인에 대한 탄압이 똑같은 '제국 일본'에 의한 탄압이라는 말입니다. 이렇게 하나로 뭉뚱그려지면 식민지 지배 고유의 가해성이 희석화되어 버립니다. '위안부' 문제도 마찬가집니다. 한국어판만 읽었을 때에는 조선인 '위안부' 문제를 식민지 지배에 기인한 가해의 하나로 인식하고 있는 듯 보였습니다만, 일본어판에 추가된 문장을 보니 '제국 일본'하에서의 일본인의 피해와 같은 성격의 문제로 '위안부'

문제를 보고 있음을 알 수 있었습니다.

조선인 '위안부'는 일본인과 마찬가지로 '제국의 위안부'니까, 조선인 '위안부'와 일본군과의 관계는 중국이나 동남아시아 등의 '적국' 여성들과 일본군과의 관계와는 기본적으로 다르다는 것이 이 책의 기본 입장임을 생각하면, 3·1운동에 대한 탄압과 치안유지법에 근거한 일본인 탄압을 "같은 경우"로 다룬 일본어판의 내용이 저자의 '논지'에 보다 가깝다고 생각할 수 있습니다.

다음으로 일본어판의 독자를 위해 바꿔 쓴 부분 중에 주목해야 할 포인트로서, 저자가 식민지 지배에 대한 일본의 "사죄"를 어떻게 인식하는지가 바뀌었다는 점을 들 수 있습니다. 한국어판에는 일본 정부는 식민지화에 대해 "공식적으로 사죄·보상하지 않았다"라고만 쓰여 있는데, 일본어판에는 "양국의 정상이 만날 때마다 사죄를 해왔"다는 문장이 추가되었습니다. 이 문장이 추가되면 "공식적으로"라는 의미가, 사죄를 한 사실은 있으나 "애매한 표현" 때문에 한국에 전달되기 힘들었다는 뜻으로 바뀝니다.

일본의 식민지 지배에 대한 "사죄"가 세계사적으로 어떠한 의미를 가지는지에 대해서도 마찬가지입니다. 한국어판에는 다음과 같이 쓰여 있습니다.

일본은 개인들에 대한 '법적 책임'은 졌다. 그러나 그것은 '전쟁후 처리'였고 '식민지지배'에 대한 것은 아니었다. 그렇다고 한다면, 한일조약의 시대적 한계를 생각하고 보완하는 것은 다른 전(前) '제국' 국가들보다 일본이 한 발

앞서 과거의 식민지화에 대한 반성을 표명하는 기회가 될 수도 있다. 전쟁뿐 아니라 강대국에 의한 타국의 지배는 '정의'에 반하는 것이라고 앞장서서 표명하는 일이 될 수 있다. 그 표명은 세계사적으로 의미 있는 일이 될 것이다. (한국어판, 263쪽)

만약 일본이 식민지 지배에 대한 반성을 표명한다면 다른 "전(前) '제국' 국가들보다" 앞서게 되니 세계사적 의미가 있다는 주장입니다. 이 문장만 보면 저자는 일본이 아직 이러한 "세계사적으로 의미 있는" 표명을 하지 않았다고 이해하고 있다고 생각할 수도 있습니다. (한일협정에 근거한 '경제협력'이 '전후 보상'이었다는 저자의 주장도 사실오류로써 비판해야 하지만 이 부분에 대해서는 Q18을 참조하기 바랍니다)

그러나 일본어판에서는 아래와 같이, 식민지 지배에 대한 일본의 사죄는 구 식민지 종주국 중에서도 가장 구체적이었다는, 정반대의 평가를 하고 있습니다.

단지 일본도 애매하기는 했으나 식민지 지배에 대한 천황과 수상의 사죄는 있었다. 그리고 위안부 문제에 한정되긴 했지만 보상도 했으니 일본의 〈식민지지배 사죄〉는 실은 구 제국 중 가장 구체적이었다고 말할 수 있을 것이다. 아시아여성기금은 네덜란드 등에 대해서는 법적으로 끝난 전후 처리를 더욱 보완한 것이었고 한국에 대해서도 실질적으로는 〈식민지지배 후 처리〉의 의미를 지닌 것이었다. (일본어판, 253쪽)

한국어판에서는 "'법적 책임'은 졌다"라고 해놓고, 일본어판에서는 당시에는 "어디까지나 '전후 처리'(심지어 법적으로는 하지 않아도 되는 것)라고 여겼으며 위안부 문제에 대한 '사죄와 보상'이 〈식민지지배 후 처리〉임을 명확히 밝히지 않았"기 때문에 "과거에 대한 사죄가 한국인에게 기억될 기회도 그 시점에서는 잃었다"(253쪽)라고 썼습니다. 즉 원래 법적 책임 자체가 존재하지 않는다는 주장으로 바꾼 것입니다. 게다가 사죄를 했냐 안 했냐가 문제가 아니라 그 내용 및 성격을 명확히 밝혔는지 여부가 문제라는 식으로, 문제의 본질을 표현 방법의 차원으로 전도시켜 버렸습니다.

위와 같은 한국어판과 일본어판의 차이점을 보면 저자가 일본의 독자들에게 무엇을 전달하고 싶은지를 알 수 있습니다. 둘 모두 '실제로는 공식적으로 사죄·보상하지 않았다'라는 전제로부터 출발하고는 있지만, 일본어판에서는 "만날 때마다 사죄"는 했으나 "애매"했다는 문장으로 바뀌면서, 전후 일본의 역사는 '사죄·보상'을 계속 해온 역사로 고쳐쓰였습니다. 그리고 세계사적으로 가장 구체적인 일본의 사죄와 보상을 "기억"하지 않은 한국에 문제가 있다는 점이 강조됩니다. 이러한 의미에서 『제국의 위안부』의 핵심 주장은 일본어판을 읽지 않으면 모른다고 해도 과언이 아닙니다.

『제국의 위안부』의 수많은 사실인식의 오류와 모순, 논리적 비약에 대해서는 졸저 『忘却のための「和解」: 『帝国の慰安婦』と日本の責任』(世織書房, 한국어판으로 곧 출간 예정)을 참조하기 바랍니다. 제가 이 책을 다 쓰고 나서 내린 결론은, 일본의 논단이 『제국의 위안부』를 예찬하는 현상

은 1990년대 이후 일본의 '지적 퇴락'의 종착점이라는 것입니다. 『제국
의 위안부』 분석을 통해, 저자가 가장 신경을 많이 쓴 것은 "'조선인 위
안부'로서 스스로의 이야기를 하는 여성들의 목소리에 오로지 귀를 기
울이는 것"(일본어판 10쪽)이 아니라 일본 사회가 어떠한 셀프 이미지를
원하는지를 알아내고 그 이미지에 걸맞는 '위안부'론을 제시하는 것이
었다는 점을 알게 되었습니다. '사죄'에 관해 강조하는 포인트가 일본
어판에서 바뀐 바로 그 부분이 이러한 저자의 의도를 단적으로 보여줍
니다. 이 책뿐만 아니라 이 책을 예찬해 마지않는 일본 사회에 대해서
도 비판적 분석이 필요한 시점입니다.

Q & A

# 역사적 배경 편

조선 식민지 지배의 실태

# 그때는 조선인도 일본인이었으니 평등했다?

Q
___
8

●
가
토
케
키

1910년 한국병합에 의해 조선이 대일본제국의 식민지로 편입되면서 조선인은 일본 국적을 갖는 대일본제국의 신민(臣民)이 되었습니다. 그럼 조선인은 대일본제국의 신민으로서 일본인과 같은 권리를 부여받고 평등한 대우를 받았을까요?

인터넷에서는 일본의 식민지 지배는 조선인을 일본인과 평등하게 대우하는 좋은 지배였다는 글들을 찾아볼 수 있습니다. 또 최근에는 박유하가 "조선인 위안부와 일본 병사와의 관계는 구조적으로 '같은 일본인'으로서 '동지적 관계'였다"라는 주장을 하고 있습니다.[1]

과연 이러한 주장은 타당할까요?

## 식민지 지배하의 '평등'이란 무엇인가?

여기서는 일본의 식민지 지배하에서 조선인이 '평등'하게 대우받았는지를 검증하기 위해 일본이 어떠한 방침으로 조선을 지배했는지를 살펴보기로 하겠습니다.

우선 일본은 식민지 지배에 대해 조선 민중들에게 천황의 은혜를 베푼다는 논리를 내세우고 있었습니다. 예를 들어 1910년 8월 29일 한국병합 때 메이지(明治)천황은 조서를 통해 조선 민중을 천황의 지배하에 두고 "수무(綏撫, 어루만지고 달램)"하겠다고 선언했습니다.[2]

다음으로는 조선인의 "동화" 방침에 대해, 하세가와 요시미치 제2대 조선총독의 말을 빌어 살펴보도록 하겠습니다.[3] 하세가와 총독은 조

---

1  박유하, 『帝国の慰安婦』, 朝日新聞出版, 2014, 83쪽. 이 부분에 관련해 박유하는 "위안부가 국가에 의해 자신의 의지와 상관없이 먼 곳으로 끌려 간 피해자라면 군인들 또한 마찬가지로 자신의 의사와 관계없이 국가에 의해 먼 이국땅으로 '강제연행'된 사람들이다. 군인들이 남성이고 일본인이기 때문에 위안부와의 권력관계에서 상위를 차지하더라도 (중략) 비대칭적 구조가 여전히 존재하고 있었다 하더라도 그것은 변함이 없다"(80~90쪽)라고 한다. 본문에서 다루겠지만, 조선인 차별은 엄연히 존재했고 일본인과 조선인을 동일선상에서 논할 수 없다. 그리고 군인과 '위안부'가 처했던 법적 위상의 차이에도 주목해야 한다. 대일본제국헌법 제20조에 "일본 신민은 법률이 정한 바를 따라 병역의 의무를 가진다"라고 규정되어 있듯이 병역은 헌법에서 정해진 일본 신민의 의무였다. 병역의 의무는 남성만이 대상이었는데, 그렇다고 여성에게 군인들의 '위안부'로서 성 상대를 해야 한다는 법률상의 의무가 있었던 것은 아니다(이 점은 요시미 요시아키의 논리). 따라서 양자를 같은 '강제연행'으로 보는 것은 난폭한 논리다.
2  『朝鮮總督府官報』 1910. 8. 29. 호외. 그리고 데라우치 마사타케(寺内正毅) 초대 조선총독은 '한국병합'을 맞아 천황의 지배에 저항하는 자는 사정없이 탄압하겠다고 선언했다. 저항하는 사람들은 "수무"가 아닌 탄압의 대상이었다.
3  『朝鮮總督府官報』 1919. 7. 1. 호외.

선인도 같은 제국의 신민이니 어떠한 차별도 존재하지 않는다고 말했습니다. 그러나 한편으로 조선인은 "언어·습속"이 다를 뿐만 아니라 "문화"가 뒤처져 있기 때문에 현단계에서는 동일한 제도하에 둘 수 없고, 장차 조선인이 완전히 일본인으로 "동화"되는 그때 조선인과 일본인을 동일한 제도하에 두겠다고 했습니다. 즉 조선인을 일본인으로 "동화"시키려고 했고 "동화"될 때까지는 평등하게 대하지 않겠다는 말입니다.[4] 그는 조선인과 일본인을 달리 대우하는 것은 "동화"의 정도 차이 때문이니 타당하다고 주장합니다. 하지만 "동화"의 정도 차이를 판단하는 것은 어디까지나 일본이었기 때문에 하세가와의 주장은 조선인을 차별대우하기 위한 기만적인 논리라 할 수 있습니다. 조선의 "문화"가 뒤처져 있다는 일방적 평가 또한 문제입니다.

일본은 조선 지배를 정당화하기 위해 '일시동인(一視同仁)', '내선일체(內鮮一體)'[5] 등의 표어를 내걸고 조선인을 일본인과 평등하게 대우하고 있다고 종종 선전했습니다. 그러나 여기서 말하는 평등이란 어디까지나 "동화"가 달성되었을 때 비로소 부여된다는 조건부였습니다. 또한 조선인에게 평등한 권리를 부여하는 것이 아니라 조선인을 일본인에

---

4  糟谷憲一, 「朝鮮総督府の文化政治」, 大江志乃夫ほか 編, 『岩波講座 近代日本と植民地 2 帝国統治の構造』, 岩波書店, 1992 참조.

5  "일시동인"은 1920년대의 이른바 '문화통치' 때의 표어로, 조선인도 천황의 신민으로서 일본인과 똑같이 처우한다는 의미로 사용되었다. "내선일체"는 전면적인 중일전쟁 이후의 '황민화정책'에서 사용되던 슬로건이다. '황민화정책'은 조선인을 천황에게 절대 복종하는 '황국신민'으로 내세워 전쟁에 동원하기 위한 정책이었다.

동화시켜 똑같이 천황의 지배하에 두는 것이 핵심이었다고 할 수 있습니다.

그리고 무엇보다 중요한 것은 일본은 식민지 지배가 끝날 때까지 일본인과 조선인을 평등하게 대우하지 않았다는 점입니다.

하세가와 요시미치(長谷川好道)
(近世名士写真 其1)

## 다양한 차별

조선인은 국적상으로 '같은 일본인'이 되었고 일본인과 평등함을 내세운 표어도 여러 번 내걸렸지만, 법률상으로도 제도상으로도 '같은 일본인'으로 대등·평등하게 대우받을 수 없는 지배/피지배의 관계(식민지주의적 관계)에 있었습니다. 몇 가지 사례를 들어 확인해 보겠습니다.

당시 조선은 '내지'와는 다른 '이법역(異法域)'이었습니다. (Q10참조) 조선에서 시행되는 법령의 입법권은 천황, 제국의회, 조선총독만이 가지고 있었습니다. 조선총독부에서는 총독과 정무총감 모두 일본인이 독점하였고 국장급도 대부분 일본인이 차지하고 있었습니다. 또 국정 참정권도 크게 한정되어 있었고[6] 조선에 관련된 주요 사항을 결정할 독자적 입법기관도 없었습니다. 따라서 조선인이 조선에서 시행할 법령을 스스로 제정하거나 정책결정 과정에 참여하는 것은 불가능했습니다.

조선인과 일본인 차별의 근원은 호적제도였습니다. '내지'에 본적을
둔 자는 '내지인'(일본인), 조선에 본적을 둔 자는 '조선인'으로, 법적으
로 구분되어 있었습니다. 덧붙여 말하면 본적지를 조선에서 '내지'로 변
경하는 본적지 이동은 양자제도나 혼인 등을 제외하고는 원칙적으로
금지되어 있었습니다. 또 '내지인'은 국적을 이탈할 수 있었던 것에 반
해 조선인에게는 일본 국적에서 이탈할 권리가 없었습니다.[7] 그래서 조
선인은 호적상으로는 '내지인'이 될 수 없었을 뿐더러 일본 국적에서 이
탈하지도 못하고 '조선인'이라는 법적 테두리에 묶여 있어야 했습니다.
이렇듯 조선인은 일본인과 국적상으로는 '같은 일본인'이지만 호적상
으로는 '같은 일본인이 아니다'라고 엄격히 구별되는, 이러한 족쇄에서
절대 벗어날 수 없었습니다.

공무원이나 교원의 급여에도 차이가 있었습니다. (Q12 참조)[8] 조선인

---

6　중의원 의원선거법이 식민지에서는 시행되지 않았기 때문에 조선에 사는 조선인과 일본인에게는
　　선거권이 없었다. 식민지 말기에 이르러 비로소 식민지에서의 중의원 의원선거법 시행이 결정되었
　　지만 '내지'에서는 납세액과 상관없이 만25세 이상의 남성 모두가 선거권을 가졌던 데 반해(1925
　　년 개정 이후), 식민지에서는 직접국세 15엔 이상을 납부한 남성으로 한정되었다. 하지만 시행이
　　결정되었을 뿐 실제로는 선거가 한 번도 시행되지 않은 채 조선은 해방을 맞이했다.

7　1916년에 개정된 '국적법'에서는 국적 이탈이 인정되었다. 그러나 이 '국적법'은 '내지'와 타이완,
　　사할린에서만 시행되고 조선에서는 시행되지 않았다.

8　일본인 공무원 및 교원에게는 '외지수당'이라는 명목의 가산금이 있었다. 이러한 공무원 급여 격
　　차는 일반회사의 조선인 급여를 일본인보다 낮게 책정하는 것을 정당화하는 요인이 되었다.

9　예를 들어 결사·집회 단속에 관해 같은 조선에 살더라도 일본인에게는 '보안규칙'이, 조선인에게
　　는 '보안규칙'보다 벌칙 규정이 더욱 엄격한 '보안법'이 각각 적용되었다. 水野直樹,「治安維持法
　　の制定と植民地朝鮮」,『人文学報』83, 2000.

들은 조선에 사는 일본인들과도 법률 적용이 달랐고,[9] 교육제도에서도 일본인과 조선인 사이에는 격차가 존재했습니다. (Q13 참조) 게다가 조선인은 대일본제국 신민이 되었어도 자유로이 '내지'로 건너갈 수 없었습니다. 일본은 내무성과 총무부의 도항규칙 등을 정해 조선인의 일본 도항을 엄격하게 관리했습니다. 반대로 일본인이 조선으로 건너갈 때에는 제약이 없었는데 말입니다.[10]

일본은 조선인을 이렇게 철저히 차별하면서 전쟁 때에는 군인, 노동자, '위안부' 등 각종 형태로 전쟁에 동원했습니다. 일본인과 동일한 권리는 부여받지 못하면서 전쟁동원의 대상이 된다니, 너무나 부조리한 일입니다.

위에서 살펴본 바와 같이 국적상으로야 '같은 일본인'이었지만 조선인은 제도, 법률적으로는 일본인과 대등, 평등하게 대우받지 못했습니다. 차별적 처우는 해방이 될 때까지 철폐되지 않았습니다.[11]

마지막으로 본장의 내용을 정리하자면 다음과 같습니다. 일본의 식민지 지배는 조선인에게 "동화"를 강요하기만 했을 뿐 일본인과 동일한 권리를 부여하지는 않았습니다. 대일본제국의 신민(일본국적 소유자)이라는 점에서는 같았다고 할지언정 호적으로 조선인을 명확히 구분지어 노골적으로 차별했습니다. 결국 차별은 철폐하지 않은 채 전쟁 때

---

10  鄭栄桓, 「在日朝鮮人の世界」, 趙景達 編, 『植民地朝鮮』, 東京堂出版, 2011.

11  차별의 실태에 대해서는 金富子, 『継続する植民地主義とジェンダー : 「国民」概念·女性の身体·記憶と責任』, 世織書房, 2011, 제1장 등도 참조.

강제적 동원까지 자행한 것입니다. 그러므로 조선인이 일본인과 평등했다고 평가할 수는 없습니다.

# 한국병합이란
# 도대체 무엇인가, 또한
# 유효하며 합법적인가?

●
오
가
와
라

히
로
유
키

일본에 의한 한국병합[1]은 합의에 근거했는지, 평화적으로 이루어졌는 지 등의 논의가 있습니다만 실제로는 어떠했을까요? 또한 한국병합이 란 대체 무엇일까요?

### 한국병합이란?

한국병합이란, 1910년 8월 22일 대일본제국이 대한제국(이후 '한국')과

---

1  일본에서는 '한국병합'을 '일한병합', '일한합병' 등으로 부르기도 했으나, 이러한 용어들은 한국 과 일본이 대등한 관계에서 합병했다는 뉘앙스를 가진다. 조약의 정식명칭 '한국병합에 관한 조 약'이라는 역사 용어에 유의하고 '일본이 한국을 병합했다'라는 사실을 정확히 알려주기 위해 '한 국병합'이라 칭하는 것이 타당하다 하겠다. 한편 한국에서는 '한일합병' 등의 용어를 쓰기도 하는 데 본문에서 다룰 한일 구舊조약 무효론의 입장에서 '강제점령/강점'도 널리 쓰인다.

'한국병합에 관한 조약'을 체결하여 한국의 국권을 빼앗아 일본 영역으로 편입시킨 것을 말합니다. 한국병합 이후부터 일본의 패망까지 한국은 조선으로 명칭이 바뀌어 의회도 갖지 못하고 본국(일본)에서 파견된 행정관(조선총독) 직할 식민지로 지배를 받게 됩니다. 하지만 일본의 식민지 지배가 한국병합으로 시작된 것은 아닙니다. 러일전쟁이 발발하고 제2차 '한일협약'에 이르는 과정에서 일본은 한국을 보호국화했습니다. 보호국이란 국제관계상 주권을 잃은 형태이기 때문에 이미 독립국이 아닌 식민지라 할 수 있습니다. 이것이 역사학 입장에서 일본의 조선 식민지 지배가 러일전쟁 발발부터 시작되었다고 보는 이유입니다.

### 러일전쟁에서 한국병합까지

우선 러일전쟁에서 한국병합에 이르는 과정을 간단히 되짚어 보도록 하겠습니다. (표) 1904년에 발발한 러일전쟁에서 한반도를 군사적으로 제압한 일본은 '한일의정서'를 비롯한 각종 조약을 통해 한국의 주권을 빼앗아갔습니다. 먼저 러일강화조약(포츠머스조약)에서는 한국에 대한 일본의 우월적 권리를 러시아

| [표] 식민지화와 관련된 주요 조약 | |
|---|---|
| 조약명 | 체결일 |
| 한일의정서 | 1904년 2월 23일 |
| 제1차 한일협약 | 1904년 8월 22일 |
| 제2차 한일협약 | 1905년 11월 17일 |
| 제3차 한일협약 | 1907년 7월 24일 |
| 한국병합에 관한 조약 | 1910년 8월 22일 |

에게 승인받았고 동시에 영국과 미국의 양해도 얻어냈습니다. 이후 일본은 1905년 11월 제2차 '한일협약'(한국보호조약/을사조약)을 체결하여 한국의 외교권을 박탈했습니다. 한국을 보호국화한 일본은 통감부를 설치하여 한국 내정에 적극적으로 간섭하기 시작했습니다. 이어 1907년 6월에 일어난 헤이그밀사사건[2]을 계기로 제3차 '한일협약'(정미조약)을 체결하여 한국 내정권을 장악하고 본격적인 식민지 통치기관으로서 통감부를 재편·확대해 나갔습니다.

**한국병합 조약은 정말 '합의'였는가?**

그러던 중 일본 정부는 1909년 7월 6일 내각회의에서 한국병합을 결정하게 됩니다. 그 후 내정과 외교 양 측면에서 병합의 시기를 노리다가 1910년 초 결정했습니다. 그리고 일본군의 계엄 태세 속에서 '한국병합에 관한 조약'을 체결하여 한국을 멸망시키고 일본으로 편입시켜 조선총독부를 설치했습니다. 이 조약에는 한국 황제가 한국에 관한 모든 통치권을 대일본제국 황제(천황)에게 양도하고 천황이 이를 승낙해 한국을 일본으로 편입한다고 쓰여 있습니다.[3] 한국병합이 합의에 의해 이루어졌다는 주장은 바로 이 조약의 기술을 전제로 하고 있습니다.

---

2   1907년 6월 네덜란드 헤이그에서 열린 제2회 만국평화회의에 한국 황제의 특사가 파견되어 일본의 한국 침략을 국제 여론에 알리고자 했다. 통감 이토 히로부미는 협약 위반을 구실로 한국 황제 고종의 책임을 추궁했다.

하지만 조약이 체결된 경위를 자세히 살펴보면 이 '합의'는 위태로운 방식으로 이루어졌음을 알 수 있습니다.[4] 이 조약은 일본이 준비한 안을 한국이 그대로 받아들이도록 해서 체결된 것으로, 한국 측의 요구 중 받아들여진 것은 퇴위하는 한국 황제의 칭호 변경뿐이었습니다. 물론 경위나 방식이 어찌 됐건 결국 한국 측이 받아들였기 때문에 합의가 이루어지지 않았느냐는 억지 주장이 가능할 수도 있습니다. 하지만 일본 정부는 장래의 한일 "양 국민의 집목(輯睦 : 화목)을 꾀하"기 위해 한일이 합의했다는 형식을 갖추는 것을 중시하는 한편, 만약 한국이 저항할 경우에는 위압이나 일방적 선언을 통해 편입시키는 방책도 함께 검토하고 있었고 실제로 조약 체결 과정에서 그러한 의도를 드러냈습니다.[5]

## 해방 후의 대립 : 합법·유효 vs 불법·무효

해방 후 한일교섭(1951~1965. Q17 참조) 때 한국병합의 불법성을 지적한

---

3 "한국 황제 폐하는 한국 전부에 관한 일체의 통치권을 완전 그리고 영구히 일본국 황제 폐하에게 양여함"(제1조), "일본국 황제 폐하는 전 조에 게재한 양여를 수락하고 또 전연 한국을 일본 제국에 병합함을 승낙함"(제2조).

4 '한국병합조약'이 체결되었을 때에는 무장 항일세력의 의병전쟁과 같은 대규모 저항운동은 일어나지 않았다. 그 이유는 일본이 한국병합 단행을 위해 경비 태세를 강화하고 한 해 앞둔 1909년에는 의병전쟁의 마지막 대규모 소탕작전인 '남한대토벌'을 실시한 결과 한국병합 때에는 한반도 내에 무장저항세력이 거의 남아있지 않았기 때문이다. (Q11 참조)

5 海野福寿編, 『韓国併合始末 関係資料』, 不二出版, 1996.

한일 구(舊)조약 무효론이 논의되었습니다. 그때 일본이 "병합은 합법, 유효"하다고 주장한 데 반해, 한국은 "원천 무효", 즉 체결 당시부터의 무효·불성립을 주장하여, 한일 양국은 첨예하게 대립했습니다. 그 결과 1965년에 체결된 '한일기본조약'에서는 "1910년 8월 22일 및 그 이전에 대한제국과 대일본제국 간에 체결된 모든 조약 및 협정이 이미 무효임을 확인한다"(제2조)라고 규정되었습니다. 한국병합 이전의 조약 및 협정이 언제부터 무효인지를 확실히 밝히지 않은 채 애매한 문구로 타결하고 말았습니다.


## 쟁점은 보호조약의 유효성


한일 구 조약 무효론의 쟁점은 일본이 한국을 보호국화한 1905년의 제2차 '한일협약'이 유효한지 아닌지입니다. 만약 제2차 '한일협약'이 체결 당시부터 무효라면 이 조약에 의거한 일본의 한국 보호지배는 위법이 되고, 또 조약을 바탕으로 체결된 '한국병합조약' 또한 무효가 됩니다. 그리고 이렇게 되면 1905년 이후 40년에 걸친 일본의 조선 지배는 단순한 군사점령(그래서 '강점'이라 부름)으로 볼 수밖에 없기 때문입니다.

한일교섭에서 해결하지 못하고 보류해버린 이 문제에 다시 불을 지른 것은 1991년부터 시작된 북일교섭이었습니다. 이를 계기로 한국과 일본의 역사학자들은 국제법 학자들과 함께 제2차 '한일협약'을 비롯한 한일 구 조약의 유효성에 관한 논쟁을 10년여에 걸쳐 벌이게 됩니다. 여기서 논점이 된 것은 크게 나눠 다음의 두 가지입니다. 첫째, 외교권 접수라는 주권의 위양이 황제의 비준서 없이 가능한가 등의 조약 형식의 문제입니다. 둘째, 조약 체결 과정에서 일본이 한국 측 대표에게 가한 강압 행위가 조약 무효의 근거가 될 수 있는지에 관한 것입니다.

특히 두 번째 논점은 제2차 '한일협약' 체결 직후 이미 문제가 되었습니다. 서울 한복판에서 일본군이 군사연습을 하며 위협하는 가운데, 특파대사였던 이토 히로부미가 조약 체결을 주도했기 때문입니다. 이 때 강압 행위가 있었다는 것은 이토 히로부미가 직접 작성한 복명서(復命書) 등 많은 사료로 이미 증명된 사실입니다. 또 한일 연구자들이 조약 문제에 대해 논쟁할 때도 조약 체결 과정에 강압 행위가 존재했다는 역사적 사실은 모두 인정하고 있습니다.[6]

---

**참고문헌**

海野福寿, 『韓国併合』, 岩波新書, 1995.
笹川紀勝·李泰鎮編, 『韓国併合と現代』, 明石書店, 2008.

---

6 여기서 문제가 되는 것은 강압 행위가 국제법상의 조약 무효 원인에 해당하는지 여부이다. 그러나 당시의 국제법은 국가간의 분쟁을 해결하기 위한 수단으로서의 전쟁을 최종적으로 부정하지 않는, 이른바 무차별 전쟁관에 의거하고 있었다. 이러한 국제법에 따르면, 국가를 대표하는 개인에 대한 강압의 결과로 체결된 조약은 무효가 되지만 국가에 대한 강압은 전쟁 그 자체를 부정하지 않는 이상 유효로 간주된다. 구 조약 무효론에 대해서는 지금까지 역사학이 축적해온 연구 성과에 근거하여 앞으로 국제법학이 이 사례에 대한 분석을 어떻게 심화시켜 나갈지 향후 연구 성과를 기대해본다.

## Q 10 식민지 조선은 일본의 한 지방에 불과했다?

● 오가와라 히로유키

대일본제국 지배하에서 조선의 행정적 위상이 일본의 현재 행정제도인 도도부현(都道府県) 혹은 1945년 이전의 부현(府県)과 같았다고 생각한다면 큰 잘못입니다. 같은 제국의 영내에 있으면서 '외지(外地)'라 불렸던 식민지는 부현 등의 지방 행정구역과는 지배 방식은 물론 법제도적으로도 그 성격이 크게 다릅니다.

**식민지란 무엇인가?**

식민지라는 역사용어는 정치·경제를 둘러싼 패권 다툼이 격화되는 제국주의 시대 이후, 주로 군사력을 배경으로 타 민족이 거주하는 지역을 정치적, 경제적, 문화적으로 지배하는 정치형태를 가리키는 개념으로 사용되고 있습니다. 근대법제도의 관점에서는 국가 영역의 일부이면서 그 국가 헌법의 예외적인 법 형식으로 통치되는 범위(=이법역異法域)를 식민지라고 정의합니다.

1945년 패전으로 인해 식민지를 포기할 때까지 일본에는 일반적으로 '외지'라 불렸던 공식 식민지가 다섯 곳 있었습니다. 편입 순으로 보면 타이완, 관동주(랴오둥반도 남서단), 사할린, 조선, 남양제도입니다. 통치 형태는 지역 및 시기에 따라 직할 식민지, 조차지, 위임통치령 등 다양했습니다. 하지만 법제도적으로는 신민의 권리와 의무를 정한 법률이 특별한 절차 없이 일본 '내지'와 똑같이 시행되지 않았다는 공통점이 있습니다. 그렇다면 이들 지역에서는 어떠한 법제도가 적용되고 있었는지, 식민지 조선의 예를 들어 확인해 보겠습니다.

**식민지 조선과 강력한 권력을 가진 조선총독**

통치기관인 조선총독부의 장관 조선총독은 천황이 임명하며 육·해군 대장만이 취임할 수 있도록 규정되어 있었습니다.[1] 또한 조선총독은 천황에게 직속되고 위임의 범위에서 육해군을 통솔할 수 있었으며 정무에 관해서는 내각총리대신을 경유하여 천황에게 알리고 천황의 재가를 받

---

1  1919년 관제 개혁으로 문관 임용도 가능해졌지만 실제 문관이 조선총독으로 취임한 예는 없다.

도록 되어 있었습니다. 이렇게 규정된 조선총독은 입법권과 행정권, 사법권 심지어 군사통솔권[2]까지 실로 막대한 권력을 갖고 있었습니다.[3] 그러니까 일본 국내에서는 형식적이나마 실시되고 있던 삼권분립이 조선에는 그 제도적인 보장조차 없었다는 말입니다.

그 중 법제도적으로 특히 문제가 되는 것은 입법권입니다. 한국병합 당시 일본 정부의 공식 견해로는 조선에도 대일본제국 헌법이 시행된다고 했지만, 실제로는 행정관인 조선총독에게 입법권이 위임되어 있었습니다.

일본 국내에서는 제국헌법하의 법률로써 규정되는 제국 신민의 권리와 의무가 식민지 조선에서는 ① 천황의 명령인 칙령에 의해 조선에 적용된 법률(저작권법이나 특허법, 치안유지법 등), ② 조선에서의 시행을 목적으로 제정된 법률(동양척식회사법, 조선사업공채특별회계법 등), ③ 제령(制令)이라 불리는 조선총독의 명령, 이 세 가지로 규정되었습니다. 본래 법률에 의거해야만 하는 내용까지도 ② 외에는 행정부의 명령으로 시행되었던 것입니다.

---

2 1883년 일본공사관 수비대로 조선에 배속된 일본군은 러일전쟁 때의 한국주차(駐箚)군을 거쳐 한국병합 후 조선주차군, 조선군으로 개칭되었다. 그 후 이른바 2개 사단 증설 문제를 거쳐 1921년에는 2개 사단의 상주 체제가 갖추어졌다.

3 조선총독의 권한은 다른 식민지의 통치기관에 비해 압도적으로 강력했다. 예를 들어 타이완 총독은 시기에 따라 다르기는 하지만, 내무성이나 탁무성 등의 감독하에 놓여 있었다.

## 조선인과 일본인에게 다른 법규를 적용했다

입법권에 이어 법제도적상의 큰 문제는 일본인(내지인)과 식민지민(조선인, 타이완인 등)에게 적용된 법규가 반드시 일치하지는 않았다는 점입니다. 대일본제국 영역 내에서 법 적용은 속지주의(屬地主義, 거주지별 법 적용)와 속인주의(屬人主義, 민족별 법 적용)가 병용되고 있었습니다. 즉, '법역'[4]과 민족이라는 두 가지 기준을 가진 법제도가 각각 존재했다는 것입니다. 예를 들어 일반적으로 보통선거법이라 불리는 중의원 의원 선거법(1925)은 거주지에 따라 다르게 적용되었습니다. 일본 '내지'에 사는 조선인 남성에게는 참정권이 부여되었으나 조선에 사는 일본인 남성은 국정 선거에 참가할 수 없었습니다. 이것은 법역에 따라 법 적용이 다른 사례입니다.

한편 같은 법역 내에서 민족에 따라 적용되는 법규가 다른 경우도 많았습니다. 예를 들어 제국헌법하의 징병제도[5]는 '호적법' 적용자가 그 대상이기 때문에 조선인 남성은 징병의 대상이 아니었습니다. 조선인은 '호적법'이 아니라 '조선호적령'(1923년 제정)하에 편성되어 있었기 때문입니다. 중일전쟁 이후 부족한 병력을 보충하기 위해 1943년에 '병역법'이 개정되어 종래의 (일본인 대상의) '호적법'뿐만 아니라 (조선인 대상의) '조선호

---

4  특정 법률이 시행되는 영역을 '법역'이라 부른다. 현재 일본에서는 국가의 영역과 법역이 일치하지만, 미국의 경우를 예로 들면, 특히 사법 영역에서는 각 주가 독립적인 입법권을 갖고 있기 때문에 하나의 국가 영역에 복수의 법 영역이 존재하기도 한다.
5  '징병령'(1889, 첫 '징병령'은 1873년) 및 '병역법'(1927)에 의거한 규정.

적령' 적용자에게까지 징집 범위가 확대되면서 조선인도 징병의 대상이 되었습니다.[6]


## 식민지에도 국제조약이 적용되었는가?

대일본제국이 외국과 체결한 국제조약은 국내에 어떻게 적용되었을 까요? 그리고 그 조약이 식민지에도 일본 '내지'와 똑같이 적용되었을 까요?

국제법이 국내 재판에 직접 적용될지 여부는 일률적으로 정해져 있지 않고 국가마다 다릅니다.[7] 1945년 이전의 일본에서는, 학설이 나뉘기는 합니다만, 천황의 대권(大權)으로 조약을 체결했기 때문에(제국헌법13조) 일반적으로 국제조약이 국내법의 효과를 지니고 있었습니다.

국내법에서는 식민지와 본국이 법역을 달리하지만, 국제법상으로는 동일 영토로 간주되었습니다. 따라서 조약을 체결할 때 '유보'라는 별도의 절차를 거쳐 식민지에는 해당 조약을 적용하지 않겠다고 선언하지 않는 한 본국과 식민지에는 조약 내용이 동등하게 적용되었습니다.

---

6  호적제도를 이용한 법적 구분은 패전 후 은급(구법에서의 공무원 연금)제도 등의 운용에도 구식민지 출신자를 적용 대상에서 제외할 때 이용되었다.
7  지금도 영국이나 캐나다 등지에서는 각각의 국제조약을 개별적으로 국내법으로 변경하는 수속을 거치지 않으면 국내 효력이 발생하지 않는다. 한편 미국이나 프랑스 등은 일반적으로 국제조약을 국내법 체계에 도입하는 헌법체제를 취하고 있다. 패전 후의 일본은 헌법 제98조 2항에 따라 후자로 해석된다.

반대로 생각해보면 유보를 함으로써 조약 내용의 일부를 제한하거나 시행하는 지역을 한정시킬 수 있었다는 말이 됩니다. 예를 들어 여성·아동의 매춘을 금지하는 '추업(醜業)'을 행하기 위한 부녀매매 단속에 관한 국제조약'(1910)과 '부인 및 아동 매매금지에 관한 국제조약'(1921)을 체결했을 때, 일본 국내에서 창기 단속규칙으로 만18세 이상의 여성의 매춘을 인정하고 있었기 때문에 국제 조약의 적용 연령(21세 미만 금지)에 대해서는 '일본국 정부선언'을 통해 유보했습니다. 동시에 조선, 타이완, 관동주, 사할린, 남양제도의 "특수지역"(1921년 조약 제14조)에는 내지연장주의적 입장에서 향후 철폐할 것을 염두에 두면서도 "내지와 사정이 다르다"라는 이유(추밀원 조사보고 1925년)로 동 조약이 적용되지 않았습니다. 일본은 그 후, 유보했던 적용 연령 규정을 1927년에 철폐하여 국제조약에 맞춰 '만21세 미만 금지'에 맞췄습니다만, 식민지에는 계속 위의 국제조약을 적용하지 않았습니다. (Q6 참조)

앞서 살펴본 바와 같이 제국 내의 법제도를 보더라도, 그리고 국제조약 적용의 실상을 보더라도 조선인과 일본인이 같은 법제도 하에서 생활했다고는 말하기 어렵습니다.

**참고문헌**

中村哲, 『植民地統治法の基本問題』, 日本評論社, 1943.

外務省条約局法規課, 『日本統治時代の朝鮮』, 1971.

百瀬孝, 『事典 昭和戦前期の日本』, 吉川弘文館, 1990.

# 식민지하의
# 조선은 평화로웠다?

●
신
창
우

일본의 아시아 침략전쟁이라 하면 대부분 1931년 만주사변부터 1945
년까지의 '15년전쟁'을 떠올리기 마련입니다. 하지만 일본의 식민지였
던 조선과 타이완으로 눈을 돌려 본다면 청일전쟁, 러일전쟁 이후 일
본은 조선과 타이완의 민족운동을 군사력, 경찰력을 동원하여 혹독히
탄압하였고 일반 민중들에게도 수많은 인권 유린을 자행했습니다. 이
러한 시점에서 본다면 일본은 청일전쟁 이후 '50년전쟁'을 벌여온 셈이
니 '15년전쟁' 이전을 침략전쟁이 없는 평화로운 시대라고 할 수는 없
습니다.[1]

또 식민지 조선에서의 인권 유린이나 민족운동은 '비일상'적인 일일

---

1 '50년전쟁'에 관해서는 宋連玉, 「公娼制度から「慰安婦」制度への歷史的展開」, VAWW-NET
   Japan 編, 『「慰安婦」戰時性暴力の實態 I』, 綠風出版, 2000.

뿐, 식민지 사회를 살던 조선인들의 일상은 이와는 달리 평화로웠다고 생각하는 사람들도 있습니다. 물론 식민지 조선에도 일상생활이 영위되고 있었다는 것 자체는 당연한 일입니다. 하지만 식민지 지배의 '근대화'로 인해 조선인의 일상이 평화로웠고 대부분의 조선인들은 식민지 지배를 감사히 여기고 있었다는 생각은 너무나 일방적입니다. 예를 들어 『만화 혐한류(マンガ嫌韓流)』(山野車輪, 晋遊舍, 2005)에서는 일본인이 조선 사회의 근대화를 위해 힘썼다는 점을 강조하면서 "그때 일본인과 조선인과의 우호관계가 정말 존재했구나"라는 식의 대사가 등장합니다.[2]

그렇다면 일본은 정말 식민지 조선에 평화를 가져다주었을까요?

## 조선의 식민지화와 '폭도 토벌'

일본은 러일전쟁 이후 조선의 식민지화를 추진해 나갔는데 이에 맞서 조선인들은 애국계몽운동과 의병전쟁을 일으켰습니다. 특히 의병전쟁은 무장봉기였고 전국적인 항일전쟁으로 확산되었습니다. 일본은 의병전쟁을 군대, 헌병, 경찰을 동원하여 무력으로 철저히 탄압했는데('폭도 토벌'=치안전[3]), 이때 "응징"이라는 단어가 자주 사용되었습니다. 항일운

---

2    板垣竜太, 「『マンガ嫌韓流』と人種主義 : 国民主義の構造」, 『季刊前夜』11号, 2007年 春号 등.

헌병이 민중들에게 강화하는 모습(1915). 출전 :『軍事警察雜誌』9-6(1915. 6)

동의 탄압은 근거지 초토화, 철저한 토벌, 촌락 연좌제[4] 적용 등 매우
가혹했으며 일본 군인이 조선인 여성을 강간했다는 보도도 있습니다.[5]

    전라도에서는 1909년 9~10월에 '남한대토벌작전'이 시행되었는데

---

3  '치안전'이란 일반적으로는 게릴라 등의 반정부세력을 섬멸하기 위한 군사 및 경찰행동을 가리키
    는 이른바 '비정규전'이다. 단, 식민지에서는 비정규전은 어디까지나 지배 측의 인식이었고 저항
    하는 측은 정규전이라는 인식을 갖고 있었다는 점에 주의해야 한다.

4  여기서 말하는 '촌락 연좌제'란 1907년 9월에 하세가와 군사령관이 조선 전역에 내린 고시 중 "혹
    은 비도(匪徒)에 가담하거나 혹은 이를 은폐하거나 혹은 흉기를 은닉하는 자는 엄벌에 처할 뿐
    만 아니라 그 책임을 마을이나 읍에 물어 그 전체를 엄중히 처벌하겠다"(「明治四〇年九月軍司令
    官ノ告示」, 韓国駐箚軍, 『明治四〇~四二年暴徒討伐概況』, 〈中央―千代田史料六二三〉, 방위청
    방위연구소도서관 소장)라는 부분을 가리킨다. 이 고시가 나온 후 일본군은 비협력적인 마을에
    무차별적인 학살과 방화를 자행하였다.

5  「日兵行悪」, 『大韓毎日申報』1907. 8. 30.

헌병들의 변장 연습(앞줄이 일
본군인, 뒷줄이 조선인 헌병보조
원, 1914.) 출전 : 『軍事警察雜
誌』 8-10(1914. 10.)

이 작전은 "제국의 위신"을 조선인에게 과시하고 "일본인의 대한(對韓)
사업 발홍(勃興)", 즉 일본의 이익을 위한 것이었습니다. 식민지화 과정
에서는 '개발'과 '치안전'이 동시에 수반되었고 식민지 지배 아래 '개발'
또한 폭력을 바탕으로 추진되었음을 고려한다면, '개발' 추진 = 조선
인과 일본인과의 우호, 치안전= 예외상태라 구분 짓는 것은 불가능합
니다.

　게다가 일본의 조선 식민지화는 치안전을 둘러싼 긴장을 조선 사회
에 지속시키는 계기가 되었습니다. 자위단 규칙(1907. 11.)은 헌병, 경찰,
군대의 지휘 아래 각 마을에 자위단을 설치하고 무기 적발, 귀순 장려,
순찰 경계, 의병운동 정탐 등을 통해 의병을 색출하고 탄압하기 위한
것으로, 일상생활의 터전인 마을에서의 지배와 저항을 둘러싼 갈등과
알력을 심화시켰습니다.

　또한 애국계몽운동에 대해서도 1907년 7월 27일에 보안법이 시행되

어, 내부대신의 단체 해산과 경찰관의 집회 및 대중운동의 제한, 금지가 가능하게 되었습니다.


## '무단통치'와 민중들의 일상생활 : 1910년대

한국병합 무렵에는 항일의병운동이 거의 진압되었습니다. 그렇다고 해서 식민지에 평화로운 일상이 찾아왔느냐 하면 그렇지 않습니다. 의병 탄압이 주 목적이었던 조선주차군은 1개 반 사단의 규모로 편성되어 있었는데 이후 2개 상설사단체제의 조선군으로 확대·재편성되었습니다. 또한 일본은 병합 후에도 민중들의 반란이 두려워 예방차원에서 철저히 단속하기 위해 의병 탄압 때와 같은 규모의 헌병경찰 지배를 계속했습니다. 무관 출신만이 조선총독이 될 수 있었던 제도하에서 힘으로써의 지배를 전제로 한 1910년대의 식민지 지배 방식을 '무단통치'라고 합니다.

헌병경찰의 업무는 정보 수집과 '폭도 토벌(치안전)'과 같은 종래의 군사경찰의 업무에 더해, 민중생활 전반을 관리 장악하는 것[6]이 추가·확대되었습니다. 경찰범 처벌규칙(1912.4.) 87조를 보면 일상행위가 구류

---

6 민사소송 조정, 국경 세관업무, 산림 감시, 민적(民籍) 사무, 천연두 예방 접종, 외국 여권, 우편 호위, 여행자 보호, 동물 검사 및 검역, 해적 및 밀어선 수입 경계 단속, 사람이나 가축에 해를 입히는 짐승(害獸) 구제, 묘지 단속, 노동자 단속, 일본어 보급, 도로 개수, 나무 심기 및 농사 개량, 법령 보급, 납세의무의 고지 등.

와 과료(벌금의 일종)의 대상이었습니다. 여기서 일상행위란 예를 들어 '유언비어', '기도', '돌싸움(石戰)', '도로청소 태만'에서 '생업 없이 배회' 하는 것까지 포함되어 있었습니다.

그리고 '범죄즉결례(犯罪即決例)'(1910. 12.)로써 구류, 태형,[7] 과료에 해당하는 죄와 3개월 이하의 징역 또는 100엔 이하의 벌금 등의 죄에 대해서는 법원의 절차를 밟지 않고 경찰서장 또는 헌병대장이 그 재량으로 즉결할 수 있게 되었습니다. 그 결과 즉결처분 건수는 1911년의 약 18,100건에서 1918년에는 약 82,100건으로 크게 증가했습니다. 게다가 태형은 조선인에게만 적용되었고 집행 건수는 1911~1916년 동안 약 5배로 늘었습니다. 일상생활에 대한 치안 통치가 급속도로 진행되었다고 할 수 있습니다.

특히 풍속경찰은 매춘관리법인 '가시자시키 창기단속규칙'(Q1 참조) 등을 바탕으로 주막 업자가 민족운동가들을 감춰 준다고 의심하여 엄격하게 단속했습니다.

하지만 현장에서 실제 단속을 맡은 것은 일본인이 아니라 조선인 헌병보조원들이었습니다. 이들은 조사와 단속을 위해 행상인, 학생, 신관, 승려, 토목공, 배우, 우편부, 양복점, 석재상, 헌옷상, 고물상, 거

---

7 태형이란 채찍으로 때려 고통을 주는 체벌형의 일종이다. 조선시대의 태형은 5형의 하나로 경범죄에 일반적으로 적용되었는데 대한제국 시기에 '야만'적 형벌이라 하여 감소했다. 그러나 일본은 '무단통치'하에서 조선인에게만 적용하는 조선태형령을 공포하고 헌병분대장의 즉결권한으로 적용 가능하게 했다. 그 배경에는 정신적 고통에 둔한 조선인에게는 신속하게 고통을 실감시킬 수 있는 태형을 가할 수밖에 없다는 식민주의적 멸시관이 깔려 있었다.

지, 공사장 잡부, 청부업자, 농부, 어부, 부상자, 차장, 굴뚝청소부, 유희인(遊戱人), 엿장수, 비구니 등으로 변장하고 돌아다녔습니다.

## '문화통치' 이후의 전개 : 1920년대

1919년 3·1운동으로 인해 식민지 통치 방식은 '무단통치'에서 '문화통치'[8]로 바뀔 수밖에 없었지만, 여전히 조선 민중을 '소요 예비군'으로 여기며 일상생활까지 '소요를 예방'한다는 명목으로 철저히 단속하는 통치의 근본까지 바뀐 것은 아니었습니다. 경찰관의 수와 비용, 경찰서의 수도 약 3배로 늘었고, 대량의 총기가 배치되고 군대식 훈련과 호구조사를 통한 일반민중의 감시도 강화되었습니다.

'문화통치' 초기에는 언론·출판·집회·결사에 대한 단속이 어느 정도 완화되어 조선어 신문, 잡지 발행과 단체 결성 등이 가능했습니다. 하지만 신문, 잡지의 검열이 굉장히 엄격했고, 집회에는 항상 경찰관이 임석해서 감시했기 때문에 연설 내용 때문에 그 자리에서 체포되는 일도 다반사였습니다. 그리고 1920년대 중반 이후 조선인들의 운동을 한층 더 탄압하기 위한 법령이 잇달아 정해졌습니다. 6·10만세운동,

---

8  사이토 마코토(齋藤實) 조선총독의 시정 방침에 의거한 식민지 통치 방식. 구체적으로는 ① 총독의 육해군 통솔권의 삭제와 총독 무관제 폐지, ② 보통경찰제도 도입, ③ 언론·집회·출판 등에 대한 고려, ④ 조선의 문화 관습 존중 등을 가리키는데, 동화정책을 보다 교묘하게 추진하고 조선인 상류층 일부를 회유하면서 민족운동은 철저히 탄압하는 분열 지배 방식이 그 특징이다.

원산총파업, 광주학생운동 등 활발히 진행되었던 민족운동 및 사회주의운동은 1925년 5월에 시행된 치안유지법 등으로 가혹한 탄압을 받았습니다. 그리고 1936년 12월에 교부된 조선사상범 보호관찰령을 근거로, 치안유지법 위반으로 집행유예, 기소유예를 받거나 탈옥한 자는 '보호감찰' 처분의 대상이 되어 사상전향을 강요받았습니다. 이와 같이 경찰의 사회지도 체제는 일반행정과의 상호 보완관계 속에서 점점 강화되었습니다. 전쟁 때에는 경제경찰까지 신설되어 민중들의 경제생활 통제도 심해졌습니다.


## 일본이 패전할 때까지 계속된 무력탄압

중국과의 국경 부근에서는 무력을 동원한 민족운동 탄압이 계속되었습니다. 3·1운동 후, 국경 부근 헌병의 역할은 "재간불령(在間不逞)자의 소탕", 즉 간도[9]의 독립군을 비롯한 조선인 민족운동 단속과 탄압으로 집중되었습니다. 국경헌병의 직무는 "평지대의 헌병과 달리 불령선인을 경계하는 것으로 전시 근무와 같다"라고 인식되고 있었습니다.[10] 이후 치안전은 동북항일연군이 활동하던 만주로 대상을 옮겨 계속되

---

9    현재 중국 지린성 동부 옌볜조선족자치주 일대를 예전에 '간도'라고 불렀다.

10   惠山鎭小林生, 「国境憲兵と不逞鮮人」, 『軍事警察雜誌』第一五巻第四号, 1921. 4. "선인(鮮人)"은 조선인의 첫 글자인 '조(朝)'를 뺀 것으로 당시 일본이 조선인에 대해 사용한 차별 용어이다.

었습니다.

위와 같은 경찰, 헌병, 군대의 조선인 단속과 탄압은 1945년 8월 15일까지 지속되었습니다. 그런데도 식민지의 일상생활에 대해 이러한 치안전이나 가혹한 치안유지와는 상관없는 근대화된 일상이 있었다는 것만 강조하고 15년전쟁 때 조선은 제국의 일부였고 '전쟁터는 아니었다'[11]라고 주장한다면, 앞서 살펴본 바와 같은 식민지 지배의 근본적 성격을 왜소화하는 결과를 낳지 않을까요?

**참고문헌**

朴慶植, 『日本帝国主義の朝鮮支配』上下, 青木書店, 1973.

松田利彦, 『日本の朝鮮植民地支配と警察 : 1905~1945年』, 校倉書房, 2009.

姜徳相, 「繰り返された朝鮮の抵抗と日本軍の弾圧·虐殺」, 『前衛』 2010. 3.

愼蒼宇, 「抗日義兵闘争と膺懲的討伐」, 田中利幸 編, 『戦争犯罪の構造』, 大月書店, 2007.

愼蒼宇, 「朝鮮半島の「内戦」と日本の植民地支配 : 韓国軍事体制の系譜」, 『歴史学研究』 885号, 2011. 10.

11  朴裕河, 『帝国の慰安婦』, 朝日新聞出版, 2014, 46쪽.

## Q
## 12

# 일본 덕분에
# 조선이
# 풍요로워졌다?

●
마
츠
모
토

타
케
노
리

"일본은 조선의 철도와 항구를 만들고 농지를 조성했고 당시 대장성(현
재무성)은 많을 때에는 2000만 엔이나 내어 주었다." 1953년 국교정상
화를 위한 한일회담 석상에서 일본 측 수석대표인 구보타 간이치로가
했던 발언입니다. 식민지 당시부터 오늘날에 이르기까지 이러한 발언
은 끊이지 않고 있습니다.

여기서는 식민지 조선의 경제발전 실태를 보여줌으로써 위와 같은 이
른바 '식민지 지배 = 은혜'론에 대해 반론해 보겠습니다.


**식민지 조선으로의 자금 유입**

조선총독부의 재정은 기본적으로는 일본 정부의 보충금으로 충당되었

습니다. 구보타가 말한 "2000만 엔"은 이 보충금을 가리키는 것 같습니다.[1] 하지만 이 돈의 대부분은 조선총독부 및 부속기관의 일본인 직원들이 조선인보다 많이 받도록 책정되어 있던 급여나 각종 수당을 지불하는 데에 쓰였습니다. (Q8 참조)

물론 보충금 외에 재정 자금 및 민간 자금의 형태로 일본에서 조선으로 유입되는 돈도 있었습니다. 이렇게 들어온 돈은 조선의 인프라 정비와 산업 개발에 투자되었습니다. 그렇지만 조선에 "내어 주었다"라고 한 투자금은 산업 개발을 통해 일본의 투자자들에게 이윤이나 지대, 또는 이자와 배당금으로 되돌아갔습니다.[2]

## 인프라 정비와 산업 개발의 특징

조선총독부의 인프라 정비 및 산업 개발에 대해 살펴볼 때에는 그 목적과 수법이 지니는 식민지 고유의 특징에 주목해야 합니다.

러일전쟁 때 일본 군부는 군사적 목적으로 조선의 철도를 서둘러 정비하면서 조선인의 토지 및 가옥을 강제수용하고 노동력도 징용했습

---

1  水田直昌 監修, 『總督府時代の財政』, 友邦シリーズ 第19号, 友邦協会, 1974, 160쪽.
2  조선의 공칭(公稱) 자본금 5만 엔 이상인 회사의 이익률과 배당률은 1934~1936년 동안 평균 각각 15.3%, 5.2%씩 증가했다.(山本有造, 「日本の植民地投資 : 朝鮮・台湾に関する統計的観察」, 『社会経済史学』 第三八巻第五号, 1973, 94쪽) 또한 최대 관업(官業)이었던 조선철도의 경우, 1930년대 전반까지는 적자였지만 이후 흑자로 전환하였다.(平井廣一, 「日本植民地下における朝鮮鉄道財政の展開過程」, 『経済学研究』(北海道大学) 第三四巻第四号, 1985, 17쪽)

군산항의 미곡 집적. 군산항은 대일(對日) 무역항으로서 급속히 발전했다. 특히 조선 최고의 곡창지대를 끼고 있었기 때문에 농민들이 지주에게 납부한 소작미 등 대량의 미곡이 이곳으로 모였다. 이곳에 모인 미곡은 오사카항 등지로 이출되었다.
출전 : 保高正記 編, 『群山開港史』1925.

니다. 이후 조선의 철도는 일본의 중국대륙 침략을 위한 노동력, 무기, 식량 등을 보급하는 역할을 떠안게 되었습니다. 그 결과 남북으로 종단하는 간선철도체계는 강화되었지만 조선 각지를 잇는 교통편으로서의 철도체계와 수송 능력은 발달하지 못했습니다. 즉 조선의 철도가 조선 민중들의 일상적인 교통수단인 건 아니었던 것입니다.[3]

1920년, 조선총독부는 일본 국내의 쌀 소동(1918)의 여파로 '산미증식계획'을 실시하여 토지개량사업을 추진하고 화학비료 사용을 장려했습니다. 그 후 일본으로 이출(移出)[4]되는 조선 쌀이 급증함으로써 쇼와(昭和) 공황기에는 조선과 일본의 쌀값이 모두 폭락하였습니다.[5] 그

---

3  정재정, 『일제침략과 한국철도 : 1892~1945』, 서울대학교출판부, 1999, 제3장.
4  식민지 조선과 일본 사이의 물품의 이동은 '수출/수입'이 아니라 '이출/이입'으로 표현되었다.
5  '산미증식계획'기를 거치면서 미곡 증산량은 증가했으나 조선인 한 사람당 미곡 소비량은 약2/3
   로 감소했다(東畑精一·大川一司, 『朝鮮米穀経済論』, 日本学術振興会, 1935, 86~87쪽). 미곡
   이출량이 급증한 배경에는 조선 농민의 빈곤화(=기아 수출 : 국민들을 굶기면서까지 국내 소비
   를 억제하고 수출을 강행하는 것)라는 요인이 있었다.

러자 총독부는 조선 쌀의 이출량을 줄이기 위해 1934년에 '산미증식계획'의 일환이었던 토지개량사업을 중지시켰습니다.[6] 조선 미곡정책의 최우선 목적은 일본 국내의 수요/공급의 균형을 유지하는 것이었기 때문입니다. '산미증식계획'의 핵심 사업이었던 수리(水利)조합 사업에 대해서는 기존 수리시설의 기능이 훼손된다, 사업비 상환금이 너무 많다는 등의 이유로 지역농민의 반대운동이 일어났습니다. 그럼에도 불구하고 일본인 대지주와 조선총독부의 주도하에 수리조합 사업은 강행되었습니다.[7]

1920년대 후반 조선 북부의 국경지대에서는 대규모 댐을 만들어 전력 공급원을 개발하는 사업이 착수되었습니다. 이후 그 일대는 댐을 기반으로 하는 중화학공업지대가 형성되었고 전쟁 때에는 최대 군사공업지대가 되었습니다. 그러나 댐 건설로 인해 그곳의 주민들은 정든 고장을 떠나야 했습니다. 조선총독부는 경찰력을 동원하여 주민들의 반발을 사전에 단속하면서 그들의 토지와 가옥을 매수했습니다.[8] 일본 국내보다 훨씬 더 강력한 식민지 권력이 있었기에 가능한 사업이었다고 할 수 있습니다.

앞서 살펴본 바와 같이 식민지의 인프라 정비와 산업 개발은 일본이 조선에게 강요한 군사적, 경제적 역할에 부응하는 형태로 추진되었습

6  小早川九郎,『補訂·朝鮮農業発達史·政策編』, 友邦協会, 1959, 573~574쪽.

7  松本武祝,『植民地期朝鮮の水利組合事業』, 未来社, 1991.

8  広瀬貞三,「水豊発電所建設による水没地問題 : 朝鮮側を中心に」,『朝鮮学報』第139号, 1991.

니다. 게다가 조선총독부는 '민주적' 절차를 밟지 않고 강력한 권력을 동원해 대규모 각종 사업을 추진하였고 그 과정에서 일어나는 조선 민중들의 저항을 무력으로 탄압했습니다.


## 빈곤해지는 조선의 농민들

산업 개발의 결과, 식민지 시기 후반으로 갈수록 공업 생산액이 급증하여 1940년에는 농업생산액과 거의 같은 수준으로까지 늘었습니다. 산업 구조는 이와 같이 '고도화'되어 갔지만 조선의 취업 구조는 그다지 크게 바뀌지 않았습니다. 조선인 유직자 중 농업종사자의 비율은 1930년 81%에서 1940년 74%로 조금밖에 감소하지 않았습니다. 조선에 있었던 중화학공업 등 대공장은 대부분 당시의 첨단기술을 도입했기 때문에, 설비투자에 거액을 투입한 만큼 노동력은 필요 없었고, 관리직은 일본인들이 차지하고 있었습니다. 그러니까 대다수의 조선인들의 일자리는 공업 부문으로 바뀌지 않고 농업 부문에 머무를 수밖에 없었던 것입니다.

면화와 누에의 경우, 방적 자본과 제사 자본이 지역마다 독점적으로 원료(면화와 누에)를 매입하는 제도가 만들어지면서 이들 상품작물의 가격은 농민들에게 불리해졌습니다. 그리고 화학비료 구입이나 수리사업 비용 부담 등으로 농민들의 현금 지출은 대폭 늘었습니다. 게다가 일본 국내로부터 공업제품이 유입되면서 원래 조선 농촌에서 번성하던 면

직물을 비롯한 재래산업 부문은 쇠퇴하고 말았습니다.

이렇게 소득은 늘지 않으면서 부채가 증가한 결과, 많은 농가가 소유 농지를 잃게 됐습니다. 아래 그래프를 보면 식민지 시기 후반으로 갈수록 점차 자작·소작 농가 수가 감소했음을 알 수 있습니다. 반면 일본인과 조선인 지주들은 농지를 집적(集積)하였습니다. 하지만 비농업 부문의 일자리를 얻기가 매우 힘들었기 때문에 농민들은 농지를 잃고 나서도 농촌에 남을 수밖에 없었습니다. 소작 농가 수가 계속해서 증가한 것은 바로 이 때문입니다. 소작지를 빌리려는 사람들, 즉 소작

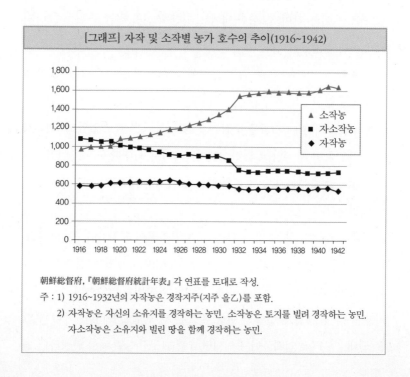

[그래프] 자작 및 소작별 농가 호수의 추이(1916~1942)

朝鮮総督府, 『朝鮮総督府統計年表』 각 연표를 토대로 작성.
주 : 1) 1916~1932년의 자작농은 경작지주(지주 을乙)를 포함.
    2) 자작농은 자신의 소유지를 경작하는 농민. 소작농은 토지를 빌려 경작하는 농민.
       자소작농은 소유지와 빌린 땅을 함께 경작하는 농민.

농이 늘어나니까 지주에게 지불하는 소작료는 싸질 리가 없었고, 비싼 소작료 때문에 소작농들은 더욱 빈곤해질 수밖에 없었습니다.

　빈곤해진 농민들 중 일부는 일자리를 얻기 위해 일본이나 만주로 건너가 도시의 최하층 노동자가 되었습니다. 또는 산림지대에서 화전농업을 하는 화전민이 되거나 도시의 잡업 종사자가 되기도 했습니다. 도시로 모여든 이들로 인해 경성 시내의 주변부에는 허술한 가옥에 거주하는 도시 빈민(토막민)촌이 형성되었습니다.

　지금까지 살펴본 바와 같이, 일본으로부터의 자금 유입과 이를 바탕으로 이루어진 인프라 정비, 산업 개발은 조선 민중들의 생활수준 향상으로 이어지지 않았습니다. 조선에 투자한 자본가와 지주들에게 거액의 이윤과 지대를 안겨주었을 뿐입니다. 이윤과 지대의 일부는 조선

토막민촌의 가혹한 물긷기.
토막민들은 입지 조건이 열악하고 가파른 곳에 마을을 형성하였다.
출전 : 京城帝国大学衛生調査部, 『土幕民の生活·衛生』, 岩波書店, 1942.

에 재투자되었고 나머지는 일본으로 되돌아갔습니다. 자금을 "내어 주었다"라는 것을 근거로 한 '식민지 지배 = 은혜'론은 이와 같은 논점과 식민지 조선의 경제실태를 무시한 폭론(暴論)에 불과합니다.

**참고문헌**

林炳潤,『植民地における商業的農業の展開』, 東京大学出版会, 1971.

姜在彦 編,『朝鮮における日窒コンツェルン』, 不二出版, 1985.

高成鳳,『植民地鉄道と民衆生活』, 法政大学出版局, 1999.

허수열,『개발 없는 개발 : 일제하 조선경제 개발의 현상과 본질』, 은행나무, 2005.

松本武祝,『植民地期朝鮮の水利組合事業』, 未来社, 1991.

Q

___

13

# 일본이 조선에
# 교육과 문자를
# 보급했다?

●
이
타
가
키

류
타


일본군 '위안부' 제도의 피해자들 중에는 아예 학교에 들어가지 못했거
나 학교에 다니기는 했지만 중퇴했기 때문에 읽고 쓰기를 못하는 경우
가 많았습니다.[1] 이러한 예는 식민지 조선에서 특수한 사례였을까요?


## 취학률과 식자율의 격차

우선 식민지 조선에는 일본 '내지'와 달리 1945년 8월까지 의무교육제
가 시행되지 않았습니다. 그러니까 초등학교에 들어갈 수 없는 아이들

---

1   Fight for Justice ブックレット 1 『「慰安婦」・強制・性奴隷 : あなたの疑問に答えます』(御茶の
    水書房, 2014)의 Q19를 참조.

이 많았습니다. [2]

　전쟁 말기인 1944년의 조사 결과를 살펴봅시다. (그래프1이 남자, 그래프2가 여자) 막대그래프의 대부분을 차지하는 가장 아래 부분이 연령별 불취학자(학교에 다니지 못한 사람)의 비율인데, 식민지 지배가 거의 끝나가는 1944년이 되도록 취학 경험이 없는 사람이 조선 사회에 이렇게나 많았다는 사실을 알 수 있습니다. 특히 남녀 차가 큽니다. 20~29세를 비교해 보면 남성 불취학자가 57.1%였던 것에 비해 여성은 90.7%였습니다. 즉 여성 10명 중 9명이 학교에 다니지 못했던 것입니다.

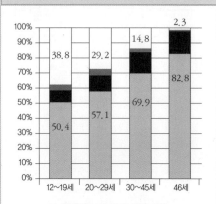

[그래프1] 조선인 남성의 취학 상황(1944)

□ 국민학교 초등과 졸업 이상
■ 국민학교 초등과 퇴학
■ 간이학교, 서당 수료 　■ 불취학

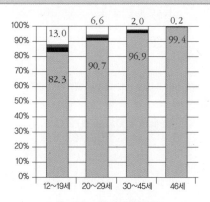

[그래프2] 조선인 여성의 취학 상황(1944)

□ 국민학교 초등과 졸업 이상
■ 국민학교 초등과 퇴학
■ 간이학교, 서당 수료 　■ 불취학

* 출전 : 『(極秘)昭和十九年五月一日 人口調査結果報告 其ノ二』, 朝鮮総督府, 1945.

---

2　조선인을 대상으로 하는 초등학교는 1937년도까지 보통학교, 1938년도부터는 심상소학교, 1941년도부터는 국민학교라는 명칭이었다.

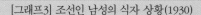

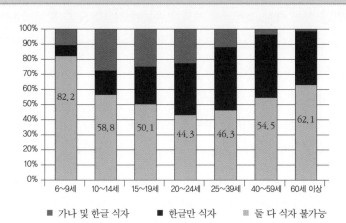

[그래프3] 조선인 남성의 식자 상황(1930)

- 가나 및 한글 식자
- 한글만 식자
- 둘 다 식자 불가능

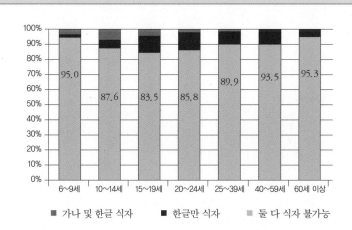

[그래프4] 조선인 여성의 식자 상황(1930)

- 가나 및 한글 식자
- 한글만 식자
- 둘 다 식자 불가능

* 출전 : 朝鮮総督府,『昭和五年 朝鮮国勢調査報告 全鮮編第一巻 結果表』, 1934.

한편 재조일본인(조선에 살고 있던 '내지인')의 경우 정책적으로 일본인이 사는 곳에는 즉시 소학교를 세웠기 때문에 거의 모두가 학교를 다닐 수 있었습니다. 그래서 같은 20~29세의 재조일본인의 불취학자는 남성 0.8%, 여성 1.2%였습니다. 이러한 비율의 차이는 압도적인 민족 차를 뜻합니다.

그래도 이때는 가정이나 제도 밖 교육에서 글을 배우는 경우도 있었기 때문에 식자율(읽고 쓰기가 가능한 사람의 비율)은 취학률보다 높았습니다. 자료 관계상 시대는 조금 어긋나지만 1930년의 국세조사를 살펴보기로 하겠습니다.(그래프3, 4) 일본어 글자인 가나와 한글의 읽고 쓰기 능력을 조사한 자료인데 어느 쪽도 읽고 쓰지 못하는 사람의 비율 역시 여성이 훨씬 높습니다. 20~24세를 보면 남성이 44.3%, 여성은 85.8%입니다.

**식민지에서의 제약**

조선은 원래 교육이 부진했기 때문에 이러한 결과가 나온다고 해석하는 사람도 있는데 틀린 말입니다. 조선시대에는 서당 및 사설글방이 농촌 마을까지 널리 보급되어 있었고 한문을 중심으로 한 식자 교육이 상당히 보급되어 있었습니다.[3] 15세기에 발명된 한글(훈민정음)도 한문 교육의 보조수단으로 혹은 상류계급 여성들 간의 커뮤니케이션 수단 등으로 여러 곳에서 사용되고 있었습니다. 19세기 말 이후 공/사문서에서도 한문뿐 아니라 한글도 함께 혼용되는 '국어'로 서서히 전환되고 있었고 교육제도도 크게 바뀌어 갔습니다. 특히 일본이 조선침략을 꾀하던 시기에는 다양한 사립학교가 탄생하여 1909년 한 해만에 무려 2천 건 이상의 설립 인가가 날 정도였습니다.

이러한 전환기를 맞이하던 찰나에 일본이 조선을 '병합'하고 맙니다. 사립학교는 폐쇄 또는 억제되었습니다. 설비를 꽤 잘 갖춘 교육시설도 '사설학술강습회'라 불리며 1년마다 인가를 다시 받아야 할 정도로 불안정한 상황에 놓이게 되었습니다.[4]

한편 '국민으로서의 성격' 양성과 '국어'(일본어) 습득을 주목적으로 하는 공립보통학교가 학교제도의 중심을 차지하게 되었습니다. 이 보통학교 설치도 제대로 이루어지지 않아 1930년대 중반에야 비로소 하나의 면에 한 학교가 설치되었습니다. 그것도 총독부가 세워 준 것이 아닙니다. 교육을 요구하는 지방의 유력자들이 토지와 건설자금을 기부하거나 이미 세워져 있었던 사설학술강습회를 통합하여 만든 학교를 총독부가 인가하고 일본식 커리큘럼을 강요했다는 것이 정확한 설명입니다.

---

3  1931년 민간 샘플조사에 의하면 조선인 성인 남성 36%, 조선인 성인 여성 3.6%가 한문을 읽을 수 있었다고 한다.(李勳求,『朝鮮農業論』, 漢城図書, 1935.)
4  사설학술강습회 중에는 사실상 사립학교라 할 수 있을 정도의 규모를 지닌 것도 있었다. 하지만 당국의 판단에 의해 언제라도 폐쇄가 가능했기 때문에 불안정할 수밖에 없었다. 이러한 강습회나 보통학교가 한 지역에서 어떻게 설립, 운영되었는지에 대한 구체적 사례는 『한국 근대의 역사민족지 : 경북 상주의 식민지 경험』(이타가키 류타 지음, 홍종욱·이대화 옮김, 혜안, 2015, 제4장)을 참조했다.

## 격차는 왜 발생하였나?

의무교육제도가 없는 곳에서는 초등교육에 수업료가 필요합니다. 그러니까 경제적으로 여유가 없는 가정의 아이들은 학교에 가기 힘들었습니다. 예를 들어 한 지역의 조사에서는 지주 가정의 63%가 아이들을 학교에 보낸 것에 비해 소작농 가정은 6%에 불과했습니다.[5] 따라서 취학에는 계급 격차(빈부에 따른 격차)가 존재했습니다.

그렇다면 남녀 격차는 어떻게 해서 생겼을까요? 제도적인 요인과 사회적인 요인 모두 생각해야 합니다. 남녀공학인 보통학교의 경우 모집정원에 남녀 차이를 두는 것이 일반적이었으니 우선 제도적인 격차가 발생합니다. (제도적 요인) 그리고 아이들이 여럿인 가난한 가정의 경우 아이들 모두를 학교에 보낼 수 없었고 그럴 때 보통 아들부터 학교에 보냈습니다. (사회적 요인) 이러한 제도적, 사회적 요인이 합쳐져서 남녀 격차가 생겼습니다.

이렇듯 민족 격차, 계급 격차, 남녀 격차가 맞물려서 이렇게나 많은 불취학/비식자를 만들어낸 것입니다.

더불어 낮은 식자율을 생각할 때에는 복잡한 다언어/다문자 상황을 고려해야 합니다. 식민지 조선에서는 일본어가 지배적인 지위를 점하면서도 언어로서는 일본어와 조선어(다언어), 문자로서는 가나와 한자, 한글(다문자)이 불균형적으로 혼재되어 있었습니다.

---

5  全羅南道, 『小作慣行調査書』, 1923.

일본이 패전한 후 남북 모두에서는 일본어를 없앰과 동시에 한글식자운동('문맹퇴치'라 했습니다)을 추진했습니다. 그 결과 북에서는 1949년에 "문맹퇴치"가 선언되었으며,[6] 남에서도 글을 읽지 못하는 사람의 비율이 77.8%(1945년)에서 41.3%(1948년), 13.9%(1954년)로 급속도로 줄었습니다.[7]

이러한 점들을 생각해보면 일본의 식민지 지배는 조선의 취학과 식자에 마이너스 요인이면 이었지 플러스 요인은 될 수 없었다고 할 수 있습니다.

**참고문헌**

김부자, 『학교 밖의 조선 여성들』, 일조각, 2009.

이타가키 류타, 「식민지 시기 조선에서의 식자(識字)조사」, 고영진 외, 『식민지 시기 전후의 언어문제』, 소명출판, 2012.

渡部学, 『近世朝鮮敎育史硏究』, 雄山閣, 1969.

6 『조선교육사3』, 사회과학출판사, 1990.

7 『文敎月報』49호, 1959.11.

# 조선인 강제연행은
# 없었다?

●
도
노
무
라

마
사
루

## 조선인 강제연행이란?

1939년 이후 전쟁이 끝날 때까지 일본 정부의 계획에 따른 노무 동원
이 시행되었습니다. 일본인뿐만 아니라 조선인들도 동원의 대상이 되
었습니다. 탄광, 광산 및 군사시설 건설현장에서 일을 시키기 위해 조
선에서 일본 '내지'로 끌고 온 조선인들만 해도 70만 명이나 됩니다. 게
다가 조선인들은 본인과 가족들의 의사나 가정형편에 상관없이 동원
되었습니다. 즉 여러 가지 협박이나 압력, 혹은 물리적 폭력까지 가해
졌기 때문에 지정된 노동 현장에 나갈 수밖에 없는 상황이었던 것입니
다. 그래서 조선인 노무 동원은 그 실태를 연구하고 기록한 학자들에
의해 조선인 강제연행이라 불리게 되었습니다.

　현재 대부분의 역사용어사전에는 '강제연행' 혹은 '조선인 강제연행'

이라는 항목이 있고 위와 같은 사실이 기술되어 있습니다. 피해자나 당시 상황을 잘 아는 사람들이 많이 살아 있던 90년대 초까지는 강제연행에 대한 역사적 사실을 부정하는 움직임은 없었습니다.

## 조선인 강제연행은 없었다?

그런데 최근 들어 조선인 강제연행은 사실이 아니라는 주장이나 선전이 자주 들려 옵니다. 논리적 근거는 ① 일본 '내지'에서 일하기 원하는 조선인이 많아 당국이 제한할 정도였다, ② 실제로 동원에 적극적으로 응해서 일본으로 온 조선인이 있다, ③ 명령에 따르지 않았을 때의 처벌 규정이 있는 국민징용령이 조선에서 발동[1]된 것은 1944년 9월이며 그 이전의 동원 계획에 따른 인력 충원은 강제력을 수반한 행정명령이 아니라 본인의 의사에 의한 것이다, 등이라고 합니다.

그러나 이러한 논거는 조선인 노무 동원에 폭력적 동원이 없었다 혹은 있었다고 해도 예외적이었다는 주장의 논거가 되지 않습니다. 위의 세 가지 논거를 하나씩 따져 봅시다.

---

1 여기서 말하는 '발동'이란 당시 행정당국이 실제 국민징용령에 의한 동원 실시를 뜻하는 말로 사용했던 것으로, 법령의 '시행'과는 다르다. 1939년 10월에 조선에서도 국민징용령이 시행되기는 했지만, 1944년 9월 이전까지의 국민징용령에 의한 동원은 예외적이었다.

大原社会問題研究所所蔵,「日炭高松炭鉱の朝鮮に於ける労働者募集状況」

### ① 조선인은 '내지'에서 일하기 원했다?

우선 ①에 대해서 살펴보자면, 일본 '내지'에서 일하기 원하는 조선인이 많았던 것은 사실이지만 일본 정부가 조선인을 동원하여 배치하려고 했던 탄광과 광산에서 일하기 원하는 사람은 많지 않았습니다. 탄광과 광산의 일은 위험할 뿐만 아니라 노예처럼 부림을 당한다는 이야기가 조선에 전해져 있었기 때문입니다. 도항 제한이 있었던 이유도 바로 이 때문입니다. 그러니까 본인이 원하는 일자리로 마음대로 이동하지 못하게 함으로써 동원 계획을 통해 탄광과 광산으로 배치시키려는 정책을 펼쳤던 것입니다.[2]

## ② 조선인이 적극적으로 동원에 응했다?

그렇다고 해서 탄광과 광산의 노동 환경이나 조건이 실제로 어떤지 몰랐거나 어디든 일자리만 있다면 가려고 했던 조선인이 전혀 없지는 않았던 것 또한 사실입니다. 그래서 ②와 같은 주장이 나오는 것입니다. 하지만 이렇게 스스로 원하는 조선인들만 데려와서는 계획한 사람 수를 채울 수 없었습니다. 1940년 조선총독부의 조사에 따르면 조선 농촌에서 전업 혹은 외지로 일하러 나가기를 희망하는 남성은 약 24만 명이었다고 합니다.[3] 그런데 같은 1940년도 동원 계획에서 책정된 조선 농촌에서 조선 및 일본 '내지'로 동원해야 할 노동자 수는 약 25만 명이었습니다.[4] 즉 1940년 한 해만 보더라도 희망자만으로는 동원 인원을 확보하기 힘들었음을 알 수 있습니다. 더욱이 이후 연도별 동원 규모는 점점 더 늘어났습니다.[5] '어디든 좋으니까 일하고 싶다'는 조선

---

2  동원 계획과 관계없이 개인적 연줄을 이용해 일자리를 찾아 일본 '내지'로 건너가려 한 경우(＝연고도일緣故渡日). 금지되지는 않았지만 가능한 한 인정하지 않아야 한다는 통달이 관계 당국에 전달되었다. 그리고 일자리가 확실하지 않은 자의 도항은 거의 허가받지 못했다. 그런데 어선 등을 몰래 타고 일본 '내지'로 건너가려는 조선인이 늘어나면서 전쟁 중에는 이러한 '밀항'(당시에도 이 말이 사용되었지만 조선은 일본제국의 일부였기 때문에 원칙적으로 이동은 자유로워야 했다) 단속이 강화되었다.

3  조선총독부가 1940년 3월에 실시한 노무자원 조사에 의함.

4  企画院,「昭和一五年度労務動員実施計画綱領に関する件」, 1940. 7. 15. 물론 전직 희망자 약 24만 명 중에는 '탄광이나 광산 등 가혹한 대우를 하는 직장은 사절한다'는 사람이 상당수 포함되어 있었을 것이다.

5  조선에서 일본 '내지', 사할린, 남서군도로 송출하려고 계획한 인원 수는 1939~1941년도 매년 8만 명 정도였지만, 1942년도는 12만 명, 1943년도는 17만 명, 1944년도는 29만 명에 이르렀다. 자세한 것은 모르겠지만 이 외에 조선 내 동원이나 만주로의 이민 송출 요구도 있었다. 더불어 동원 계획과는 별도로 군 요원의 동원, 지원병, 1944년도와 1945년도에는 징병제로 인해 조선인 청년 남성의 노동력이 빼앗겼다.

인이 동원에 적극적으로 응한 경우는 동원정책 초기에만 한정된다고 봐야 합니다. 그리고 조선 민중들의 일자리가 이렇게까지 궁핍했던 현실은 일본의 식민지 통치가 만들었다는 사실도 잊어서는 안 됩니다. (Q12 참조)

### ③ 국민징용령 발동 이전의 동원은 조선인의 자유의사였다?

그리고 국민징용령 발동 즉 실제 국민징용령에 의한 동원이 실시되기 이전[6]에도 폭력적 연행이 빈번했기 때문에 ③ 또한 강제연행 허구설의 근거가 될 수 없습니다. 이러한 사실은 당시의 관료들도 스스로 인식하고 말한 바 있습니다. 1943년 11월에 열린 한 잡지 좌담회에서 조선총독부 노무동원 담당 사무관이 "노무자들을 모으는 일"은 "반강제적으로 하고 있습니다"라고 발언했습니다.[7]

官廳斡旋勞務供出ノ實狀ヲ檢討スルニ勞務ニ應ズベキ者ノ志望ノ有無ヲ無視シテ漫然下部行政機關ニ供出數ヲ割當テ、下部行政機關モ亦概シテ强制供出ヲ敢テシ斯クシテ勞働能率低下ヲ招來シツツアル缺陷ハ斷ジテ是正セネバナリマセン。

[자료1] 조선총독 고이소 구니아키, 「訓示要旨」, 1944. 4. 12, 『朝鮮總督府官報』 1944. 4. 13日부에 게재.

里洞金本奎東（二十三才）ナルモノガ昭和十八年七月一日北

海道ヘ官ノ斡旋ニ依リ渡航シタ家庭ヲ直接訪問シテ調査シタルニ、

最初官ノ斡旋ノ時ハ北海道松前郡大沼村荒瀬崎組ニ於テ本俸九

十五圓、手當ヲ加ヘ合計月收百三十圓トナル見込ミトノ契約ニテ

北海道ヨリ迎ヘニ來タ内地人勞務管理人ニ引率サレ渡航シタル後

既ニ一年近ク ナッテモ送金モナケレバ音信モナイ家ニ發サレタ

今年六十三才ノ老母一人ガ病氣ト生活難ニ因リ殆ンド頻死ノ狀態

ニ陷ツテ居ル實情ヲ目睹シタ、斯ノ如キ實情ハ此ノ義城ノミナラ

ズ西鮮、北鮮地方ニ極メテ多ク、之等送出家庭ニ於ケル殘留家族

ノ援護ハ緊急ヲ要スベキ問題ト思ハレル

其ノ中ニモ軍方面ノ徴用者ノ中ニハ克ク家庭トノ通信、送金等

ガアツテ殘留家族ニアリテモ比較的安心シ生活上ニモ左程不便ヲ

感ゼザルモ、特ニ一般炭坑並ニ其ノ他會社等ノ關係ニ在リテハ右

ノ如ク送出後殆ンド音信ヲ斷チ尚家庭ヨリ通信スルモ返信ナク半

[자료2] 고구레 타이요가 내무성 관리국장에게 보낸 「복명서」, 1944.7.31.
조선에 남겨진 가족들은 아무런 지원을 받지 못해 빈곤했다.

또한 1944년 4월 도지사 회의에서는 조선총독 다음으로 고위직인 정무총감이 "관청 알선 노무 공출의 실정을 검토함에 있어서, 노무에 응해야 할 사람들의 의사 여부를 무시하고 대충 하부 행정기관에 공출 인원 수를 할당하고 하부 행정기관 또한 대부분 강제공출을 감행하고, 이렇게 해서 노동능률을 저하시키고 있는 결함은 결단코 시정해야 합니다"(자료1)라고 말했습니다. [8] 요컨대 본인의 의사에 상관없이 강제동원이 벌어지고 있다는 사실을 인정하고 이를 문제로 지적하면서 중지하라는 말을 한 것입니다.

**일본 정부 스스로 동원은 "납치와 마찬가지"였다고 말했다**

그러나 사람 모으기가 점점 더 어려워지자 '강제공출'은 더욱 심해졌습니다. 1944년 6월 조선을 시찰한 일본 정부의 관리는 '동원의 실정'에 대해 "완전히 납치와 마찬가지 상태이다. 이는 만약 사전에 이 상황을 알면 모두 도망가기 때문이다. 그래서 밤에 습격하거나 속여서 끌고

---

6  1944년 9월 이전의 동원인원 확보는 처음에는 허가를 받은 민간 기업에 의한 '모집', 1942년 2월 이후는 행정당국이 필요한 인원을 전반적으로 관리하는 '관 알선'이라는 형태를 통해 이루어졌다. '모집'과 '관 알선' 모두 현지 관청의 서기나 주재소 경찰의 협력을 얻어 실행되었다.

7  「座談会 朝鮮労務の決戦寄与力」, 『大陸東洋経済』, 1943. 12. 1号. 좌담회에서 다하라 미노루 노무과 사무관이 한 발언. '강제'가 아니라 '반강제'라고 표현한 것은 이 잡지가 널리 읽히는 매체라는 점을 의식했기 때문일 것이다.

8  『朝鮮総督府官報』, 1944. 4. 13号.

働力トシテハ極メテ僅少トナッテ居ルニモ拘ラズ今年更ニ

留勞者数ヨリモ多ク内地送出ヲ命セラレテアル為メ管一縣

ニ於ケル當局者及送村ニ於テハ食糧増産上多大ナル影響ヲ及

ボスモノトシテ憂慮シアル狀態デアル

(ヘ)、勤員ノ實情

徴用ハ別トシテ其ノ他如何ナル方式ニ依ルモ出動ハ全ク拉致

同様ナ狀態デアル

其レハ若シ事前ニ於テ之ヲ知ラセバ皆逃亡スルカラデアル、

ソコデ夜襲、誘出、其ノ他各種ノ方策ヲ隲ジテ人質的掠奪拉

致ノ事例ガ多クナルノデアル、何故ニ事前ニ知ラセバ彼等

ハ逃亡スルカ、要スルニソコニハ彼等ヲ精神的ニ惹付ケル何

物モナカッタコトカラ生ズルモノト思ハレル、内鮮ヲ通ジテ

勞務管理ノ拙惡極マルコトハ往々ニシテ彼等ノ身心ヲ破壊ス

ルコトノミナラズ幾留家族ノ生活困離乃至破滅ガ屡々アッタ

[자료3] 자료2와 같음. 폭력적 동원 실태에 대해 적혀 있다. (밑줄은 인용자)

나오는 등 기타 각종 방책을 강구하여 인질적 약탈, 납치의 사례가 많아진다"(자료3)라는 사실을 전하고 있습니다.[9] 전쟁 말기 조선에서는 동원을 피하기 위해 젊은 남성들이 산으로 숨기도 했습니다. 그래도 조선총독부는 본인이 없으면 그 가족이라도 끌고 오라고 명령하는 등 끝까지 난폭한 동원정책을 계속했습니다.

이러한 폭력적 연행과 더불어 노동 현장에서의 비인간적인 대우도 큰 문제였습니다. 조선인들은 도망가지 못하도록 삼엄한 감시와 관리를 받았고 경우에 따라서는 휴일 외출도 허락받지 못했습니다. 심지어 임금도 강제로 저금을 해야 했기 때문에 현금을 거의 손에 쥐지 못했습니다. 이렇듯 매일 폭력과 위협 속에서 노동을 강요당했다고 합니다. 물론 모두 똑같이 이런 상황에 있었던 것은 아닙니다만,[10] 동원 피해자들 대부분은 이러한 노예적 처우를 증언합니다. 그들이 감시와 학대를 당했다는 사례는 당시의 기업 측 자료로도 확인할 수 있습니다.[11]

---

9  내무성 촉탁 고구레 타이요가 내무성 관리국장에게 보낸 「복명서(復命書)」(1944.7.31.) 이 문서는 일본 내무성이 조선의 민심과 행정 실태를 조사한 보고서이다.

10  강압적 관리만이 노동자를 붙들어 놓고 일을 시킬 수 있는 수단은 아니었다. 전쟁 수행을 위해 군수공장을 최대한 빨리 완성시켜야 했고 인원이 부족한 상황에서 조선인 노동자들이 다른 직장으로 빠져나가는 것을 방지하기 위해서 고용자와 당국은 급여를 늘리고 사기를 진작시키려 했을지도 모른다. 실제로 당시 조선인 노동자를 이렇게 우대했던 사례가 전혀 없지는 않다. 단지 식량이나 필요한 물자가 점점 더 부족해진 상황에서 이러한 우대가 가능했던 곳은 예외라고 봐야 할 것이다.

11  1940년 홋카이도 탄광을 조사한 연구자는 오히려 전쟁 때 '다코베야(タコ部屋)'(문어방이란 뜻으로 아주 열악한 인신구금형 노동자 합숙소를 뜻함)나 '감옥방'으로 대표되는 폭력적 노무관리가 확대되었다고 한다.(柳瀬哲也, 『我国中小炭礦業の従属形態』, 伊藤書店, 1944.)

## 민족에 따라 다른 동원정책과 의도

이 세 가지 외에 조선인 노무 동원에 대해 '일본인도 전쟁 때는 징용되었기 때문에 조선인만 문제시하는 것은 이상하다'라고 하는 사람도 있습니다. 그렇지만 조선인에 대한 인권 침해가 훨씬 심각했습니다. 그리고 국가 정책에서도 조선인과 일본인에 대한 처우는 평등하지 않았습니다. 일본인은 주로 군수공장으로 동원되었고 탄광, 광산, 토목·건설 공사 현장, 항만 하역과 같은 노동 현장으로는 배치되지 않았습니다. 반대로 조선인의 경우 군수공장에 배치되는 경우도 있긴 했지만, 대부분은 탄광, 광산, 토목·건설 공사 현장, 항만 하역에 동원되었습니다. 즉 누구나 꺼리는 열악한 노무관리하에서의 중노동은 오로지 조선인에게만 시키는 정책이 시행되었던 것입니다.

또한 징용에 의한 동원인지 아닌지도 일본인과 조선인에 대한 정책이 달랐습니다. 일본인 징용은 일찍부터 실시되었지만, 조선에서 국민징용령에 따른 징용이 실제로 실시된 것은 1944년 9월 이후였습니다. 행정 명령에 응하지 않으면 형사처벌을 받아야 하는 징용이 늦게 실시되었다고 해서 일본 정부가 조선인에게 관대했던 것은 아닙니다. 오히려 징용 실시 이전부터 이미 폭력적 동원이 자행되고 있었다는 사실은 앞서 말한 대로입니다. 그리고 징용의 경우 피징용자 본인과 그 가족의 생계를 돕는 원호(援護) 혜택[12]을 받도록 되어 있었습니다. 초기에 조선인을 징용하지 않았던 것은 이러한 원호 혜택을 받지 못하도록 하기 위함이었습니다. 국민징용령에 의한 조선인 징용이 실시된 후 전쟁 말기에는 조선인에 대한 원호정책도 준비되었지만 실제로는 보급되지 않았습니다. 불충분한 원호가 중대한 문제로 당시 조선의 신문, 잡지에서도 보도되었습니다.[13]

노무 동원뿐만 아니라 '위안부'나 지원병 등 군인, 군속 등을 모두 포함해서 조선인 강제연행이라고 하는 경우도 있습니다. 즉 전쟁 수행을 위해 조선인을 이용한 모든 경우를 조선인 강제연행이라고 하는 것입니다. 지원병만 보더라도 실제로는 강요받은 '지원'이 많았고, '일본제국 신민으로 싸우겠다'라고 생각한 '황국신민 조선인'이 존재했다 하더라도 식민지 지배하에서 다른 선택의 여지없이 일본제국이 원하는 교육만을 받았기 때문입니다.

덧붙여 말하자면 조선에는 중의원 선거도 없어서 대부분의 조선인들은 일본의 정책결정에 참여할 수 없었습니다. 조선인들은 일본이 제멋대로 결정한 동원정책에 끌려나갔던 것입니다. 조선인을 대상으로 한 동원을 모두 강제연행이라 부르는 경우는 바로 이러한 사실을 근거로 삼고 있습니다.

---

12 업무상의 부상이나 병에 대한 보상 및 유족에 대한 장례비 지급, 동원으로 인한 급격한 빈곤, 별거수당 지급, 그때까지 벌던 수입보다 동원된 곳의 급여가 적을 경우의 차액 보충 등.

13 예를 들어 『大陸東洋経済』(1945. 4.) 15호에 게재된 「勤労援護の完きを望む 朝鮮勤労援護事業の現状(근로보호의 완성을 바라는 조선노동보호사업의 현실)」에는 동원된 조선인을 채용한 "내지 공장 사업주가 보낸 보조금은 3월 말 현재 약 200만 엔으로, 예정 총액의 10% 정도라고 들었다. 이것은 단적으로 말해서 기본보조금[수입 감소분의 보충]과 특별보조금[별거수당]에 다대한 지장을 준다", "[말단 조직의]분회, 출장소가 원호사업에 분발하기 시작한 것은 고작 한 달 전후의 일로 그동안 부조원호대상 조사가 지연되어 오늘에 이르렀다"라고 쓰여 있다. 이후 신문이나 잡지에서 원호가 잘 되지 않고 있다는 보도는 있어도 상황이 개선됐다는 기사는 없다.

**참고문헌**

朴慶植,『朝鮮人強制連行の記録』, 未来社, 1965.

金英達,『金英達著作集2 朝鮮人強制連行の研究』, 明石書店, 2003.

古庄正・山田昭次・樋口雄一,『朝鮮人戦時労働動員』, 岩波書店, 2005.

外村大,『朝鮮人強制連行』, 岩波新書, 2012.

3
부

Q & A

**해방 후 편**

Q
———
15

# 김학순 할머니는
# 왜 90년대에 들어서
# '위안부'였음을 밝혔는가?

●
김
부
자

## 1990년대 김학순 할머니 등장이 준 충격

1991년 8월 14일 서울에 살던 김학순 할머니(당시 68세, Q4 참조)가 스스로 실명으로 '위안부'였음을 밝히고 기자회견을 했습니다.[1] 김학순 할머니는 같은 해 12월 일본으로 건너가 '위안부' 피해자 두 명, 일본군 군인, 군속 및 그 유족들과 함께 도쿄 지방재판소에 일본 정부를 상대로 보상을 요구하는 소송을 제기했습니다. (『아시아·태평양전쟁 한국인희생자 보상청구사건』) 도쿄와 오사카에서 열린 증언 집회에는 많은 일본 시민들이 참여했습니다. 일본 패전(1945년 8월)으로부터 46년이 지난 해의 일

---

1   상세한 증언 내용은 김학순, 「되풀이하기조차 싫은 기억들」(한국정신대문제대책협의회, 한국정신대연구회 편, 『강제로 끌려간 조선인 군위안부들 : 증언집 1』, 한울, 1993)을 참조하기 바란다.

김학순 할머니
(제공 : 한국정신대문제대책협의회)

입니다.

이름과 얼굴을 공개한 김학순 할머니의 등장은 '위안부' 문제가 일본에서 사회적 문제로 본격화되는 결정적 계기가 되었습니다. 이듬해 1992년 1월, 군의 관여를 알 수 있는 자료를 발표한 요시미 요시아키는, 김학순 할머니가 일본에 오기 직전에 했던 TV 인터뷰가 "마음에 크게 와닿아 종군위안부 문제 연구를 시작하게 되었다"라고 합니다.[2] 김학순 할머니의 제소와 증언은 많은 언론에서 다루어졌고 이후 몇 년 동안 각 TV방송국은 경쟁하듯 피해자들의 증언을 테마로 다큐멘터리를 만들어 방송했습니다.

또한 김학순 할머니의 증언을 계기로 지원단체가 만들어졌습니다. 한국, 필리핀, 타이완, 북한, 중국, 인도네시아 등 아시아 각국의 '위안부' 피해자(네덜란드인 포함)와 성폭력 피해자들은 잇달아 자신들의 피해 사실을 밝히면서 증언을 시작했습니다. 일본에서는 일본 정부에게 사

---

2  吉見義明, 『從軍慰安婦』, 岩波新書, 1995, 2쪽.

죄와 보상을 요구하는 재판이 시작되었고, 아시아 각국에서는 피해자와 그들의 재판을 지원하기 위한 시민운동도 벌어졌습니다.

김학순 할머니를 비롯한 피해자 여성들은 반세기 가까이 침묵해 왔는데, 왜 1990년대 들어 목소리를 내게 되었을까요?[3]

## 1990년대 이전 : 일본에서는 문제는 알려져 있었지만 운동은 일어나지 않았다

그렇다고 1990년까지 일본 사회에서 '위안부' 문제가 전혀 알려져 있지 않았던 것은 아닙니다. '위안부'는 소설(다무라 타이지로의 『위안부 이야기(春婦伝)』, 1947. 『메뚜기(蝗)』, 1964. 오미가와 준페의 『인간의 조건(人間の条件)』 6부작, 1956~1958 등)과 영화(스즈키 세이준 감독의 『春婦伝』, 1965. 고바야시 마사키 감독의 『인간의 조건』, 1959~1961 등)의 소재가 되기도 했습니다. 1970년대 초에는 우먼리브운동(Women's Liberation Movement, 여성해방운동)의 일환으로 제기된 적도 있었고, 일본인 '위안부' 피해자인 시로타 스즈코(가명)의 수기 『마리아의 찬가(マリアの賛歌)』(1971)도 출판되었습니다. 특히 센다 가코의 『종군위안부(従軍慰安婦)』(1973)[4]는 후속편까지 포함하여 장기 베스트셀러가 되면서 '위안부' 이미지에 큰 영향을 끼쳤습니다.

이후에도 김일면의 『천황의 군대와 조선인 위안부(天皇の軍隊と朝鮮人

---

3  金富子, 「日本の市民社会と『慰安婦』問題解決運動」, 『歷史評論』 第761号, 2013. 9.
4  한국어판은 『종군 위안부』(센다 가꼬오 지음, 이송희 옮김, 백서방, 1991.)

慰安婦)』(1976), 오키나와에 살던 조선인 피해자 배봉기 할머니를 다룬 다큐멘터리 영화『오키나와의 할머니[沖繩のハルモニ]』(야마타니 테쓰오, 1979)와 논픽션『빨간 기와집[赤瓦の家]』(가와다 후미코, 1987)[5], '아시아 여성들의 모임(アジアの女たちの会)'의 회보『아시아와 여성해방(アジアと女性解放)』등을 통해 '위안부' 문제는 일본사회에 어느 정도 알려져 있었습니다. 그러나 그때까지 '위안부' 문제가 공론화되거나 역사학 연구의 테마가 된 적은 없었고, 또한 여성운동의 중요 과제로 간주되지도 못했습니다. 시로타 스즈코와 배봉기 할머니, 이 두 피해자가 일본에 살고 있었음에도 불구하고 운동은 일어나지 않았습니다.

## 1990년대 이후 : 일대 전환이 일어난 한국의 여성운동과 김학순 할머니

이와 같은 상황을 전환시킨 것은 1987년 6월항쟁 등으로 민주화를 쟁취한 한국의 여성운동이었습니다. 1990년대 한국의 여성운동이 '위안부' 문제를 중점적으로 다루게 된 것은 우연이 아니었습니다. 1970년대 이후의 민주화운동 속에서 경찰에 의한 여성활동가 성고문 사건을 폭로하고 진상규명 등을 위해 싸워온 경위가 있었기 때문입니다.[6]

이러한 가운데 1925년에 태어난 윤정옥(당시 이화여대 교수)은 1980년대부터 '위안부'의 흔적을 찾아 각지를 돌며 취재를 했습니다. 1990년

---

5 한국어판은『빨간 기와집』(가와다 후미코 지음, 오근영 옮김, 꿈교출판사, 2014.)

1월 그 기록을 모아 『한겨레』에 「정신
대 취재기」라는 제목의 연재기사를 실
어 여론을 환기시켰습니다.

   같은 해 5월에 노태우 당시 대통령
이 일본을 방문했습니다. 6월 일본 국
회에서 노태우 대통령의 방일과 관련해
'위안부'에 대한 질문을 받은 노동성(현
후생노동성) 국장이 "(위안부는) 민간 업자
가 데리고 다녔다"라고 답변했습니다.
이 답변에 한국 여성운동이 항의하는
과정에서, 같은 해 11월에 한국정신대

윤정옥

문제대책협의회(이하, 정대협)가 정식 결성되었고 윤정옥은 공동대표의
한 사람으로 참여했습니다.

   그러나 정대협 결성 당시 한국에서의 '위안부' 문제는 운동단체는 생
겼지만 '피해자가 없는 문제'였습니다. 이 상황을 결정적으로 바꾼 것
이 1991년 8월의 김학순 할머니의 첫 증언이었습니다. 김학순 할머니
는 남편도 아들도 죽고 혼자 살다가 서울에서 원폭 피해자 여성과 우
연히 알게 되었다고 합니다. 그 여성에게 본인이 '위안부'였다고 말하

---

6  군사독재정권 하에서 경찰은 민주화운동과 노동운동을 탄압하기 위해 여성활동가들에게 성고문
   을 자행했는데, 1986년 피해 여성인 권인숙이 성고문 사건을 공개적으로 밝혔다. 여성단체들은
   이 운동을 통해 민주화운동을 한층 진전시켰고 1987년에는 훗날 정대협 결성의 모체가 되는 한
   국여성운동연합을 결성하였다.

자 정대협에 한번 가보라는 말을 들은 것이 계기가 되어 증언을 하게 되었습니다. 그리고 "나의 불행은 위안소에 발을 들였을 때부터 시작되었습니다", "일본 정부는 역사적 사실을 인정하고 사죄해야 합니다", "일본 정부가 거짓말을 하는 것을 용서할 수 없습니다. 살아 있는 증인이 여기서 증언하고 있지 않습니까"라고 했습니다.[7]

김학순 할머니가 '살아있는 증인이 여기 있다'고 외친 역사적 증언은, '위안부' 문제 해결을 요구하는 운동단체와 여론이 형성되어 안심하고 피해 사실을 밝힐 수 있는 사회적 환경이 조성된 이후에야 비로소 가능했다고 할 수 있습니다. 이때부터 한국을 비롯한 아시아 각국의 피해자들이 자신들의 피해 사실을 밝히기 시작했고 '위안부' 문제 해결을 요구하는 운동이 일본, 아시아를 넘어 전 세계적으로 확대되어 갔습니다. 이렇게 보면 아이러니하게도 1990년 6월 이후의 일본정부의 답변과 대응이 '위안부' 문제의 사회적, 국제적 공론화에 불을 지핀 계기가 되었다고 할 수 있습니다.


## 아시아의 민주화, 냉전의 붕괴, 그리고 페미니즘

한국뿐 아니라 아시아 각국에서도 1986년 필리핀 마르코스 정권 붕

---

7 植村隆記者,「かえらぬ青春 恨の半生日本政府を提訴した元従軍慰安婦·金学順さん」,『朝日新聞』1991. 12. 25.

괴, 1987년 타이완의 계엄령 해제 등으로 민주화가 진전되었고 1989년에는 세계를 둘로 나누고 있던 미소 냉전체제가 붕괴했습니다. 1990년대 들어서는 세계적 규모의 과거청산운동이 벌어졌습니다.[8] 동시에 여성의 인권옹호를 위한 여성운동이 활발해지면서 여성에 대한 폭력 근절을 위한 페미니즘이 세계 각지에서 비약적으로 발전했습니다. 1993년 오스트리아 빈에서 개최된 제2회 세계인권회의에서 "여성의 인권"이 처음으로 명기되었고, 같은 해 12월 UN총회에서는 '여성에 대한 폭력철폐선언'이 채택되었습니다. 그리고 1995년 제4회 세계여성회의가 베이징에서 열렸고 1998년에는 국제형사재판소규정(ICC규정)에 "강간, 성노예, 강제매춘, 강제임신, 강제중절" 등은 "인도에 대한 죄"임이 명기되었습니다.

　이렇게 하여 아시아의 민주화, 세계적 규모의 과거청산운동과 페미니즘의 약진으로 인해 아시아 등지에서 전시 성폭력으로 고통 받은 피해자들이 자신들의 피해 사실을 밝힐 수 있는 사회적 환경이 만들어져 갔습니다.

---

8　1990년대에는 아시아뿐 아니라 남부 아프리카, 독일, 프랑스 등지에서도 식민지 지배 책임을 포함한 과거청산 및 극복을 위한 움직임이 시작되었다. 구체적인 내용은 『歷史と責任』(金富子・中野敏男 編著, 青弓社, 2008), 『「植民地責任」・論脱植民地化の比較史』(永原陽子 編, 青木書店, 2009)등을 참조하기 바란다. Q23 참조.

## Q

---

16

# 샌프란시스코 강화조약으로
# 배상 문제는 해결됐다?

●
이
타
가
키

류
타

아시아·태평양전쟁에서 일본이 지은 죄에 대해 일본 정부는 "배상문제
는 완전히 해결되었다"라는 기본자세를 지금껏 견지하고 있습니다. 이
러한 일본 정부의 태도의 원형을 만든 것이 샌프란시스코 강화조약
(1951년 9월 8일 조인, 이듬해 4월 28일 발효)이었습니다. 이 조약은 아시아·
태평양전쟁을 정식으로 종식시키고, 배상 방침 등을 정하고, 일본과 연
합국과의 관계를 정상화시키기 위해 체결되었습니다. 그리고 참가한
국가 대부분이 배상을 포기했다는 것이 특징입니다. 그렇다면 어떻게
조약이 체결되었으며, 또 조약의 내용과 체결 방식이 그 후 어떠한 영
향을 끼쳤는지 알아보겠습니다.

샌프란시스코 강화회의, 일
본 외무성 외교사료관 웹사
이트에서

## '일본은 배상하지 않는다'는 방침으로의 전환 : 냉전의 논리가 우선되다

일본의 패전 직후 대일(對日)강화의 기본 원칙은 훨씬 엄격했습니다. 일
본이 패전하면서 수락한 포츠담선언(제11항)에는, 일본의 통상적인 경
제를 유지할 수 있을 정도의 산업과 배상을 위해 필요한 정도의 산업은
남기지만, 전쟁을 위한 재군비가 가능할 것 같은 부분은 용납하지 않
는다고 규정되었습니다.

이 방침에 근거해 일본 패전 후, 미국은 배상을 구체화시키기 위해 조

사단을 파견했습니다. 그 조사단의 첫 보고(1945년 12월)는 일본의 군국주의가 부활하지 못하도록 철저한 배상을 요구하고 있으며, 실제로 중간배상으로서 군수산업 설비 등의 철거가 진행되었습니다. 그런데 그 후 서서히 배상 방침이 완화되면서 1948년 5월에 이르자 군수산업 설비 등의 철거를 중단해야 한다고 결정되었습니다.[1]

미국 조사단의 보고 및 성명 내용이 이렇게 바뀌게 된 이유는 냉전이었습니다. 일본에게 과도하게 배상을 부담시키면 경제부흥이 늦어지고 미국의 경제적 부담이 증가할 뿐 아니라 냉전의 최전선인 아시아의 불안정 요인이 된다는 생각을 했던 것입니다. 일본을 경제적으로 다시 일으켜 세우고 조속히 타국과의 관계를 정상화하여 국제사회의 자본주의 진영으로 복귀시키는 것이 가장 중요한 과제가 되었습니다.

이러한 냉전의 논리를 갑자기 가속화시킨 것은 중국대륙의 내전 종결로 인한 중화인민공화국의 탄생(1949)과 한국전쟁(1950~1953)이었습니다. 중국대륙에서 사회주의 체제를 갖춘 나라가 탄생하면서 자본주의 진영인 중화민국(국민당 정권)이 타이완으로 쫓겨나고, 한반도에서는

---

1  폴리 보고(1945년 12월 중간보고, 1946년 11월 최종보고. 대일배상 담당 Edwin W. Pauley의 이름을 땀)는 일본의 군국주의가 부활하지 못하도록 하기 위해 생산 능력을 국내 수요에 맞출 정도로 감퇴시키고 전시 잉여생산력을 일본의 침략을 받은 국가들로 옮길 것을 요구했다. 그런데 스트라이크 보고(1947년 2월 제1차, 1948년 3월 제2차 보고. 해외조사 상담소장 Clifford S. Strike의 이름을 땀)에서는 일본의 경제적 자립과 미국의 재정적 부담 회피를 중시하는 내용으로 바뀌며, 최종적으로는 맥코이 성명(1948년 5월, 극동위원회 미국 대표 F.McCoy의 이름을 땀)에서 군수산업 설비의 철거 중지가 선언되었다. 구체적인 내용은 참고문헌 중 『昭和財政史』를 참조하기 바란다.

미국과 중국을 포함한 세계 각국이 참전하는 국제전쟁이 발발함으로써, 동아시아는 세계 냉전문제의 중심지가 되었습니다. 일본을 아시아의 자본주의 모델국으로서, 사회주의가 더 이상 확대하지 않도록 하기 위한 "반공의 방파제"로 만들자는 구상이 힘을 얻게 되었습니다.

## 샌프란시스코 강화조약의 성격 : 무(無) 배상과 경제협력

이러한 흐름 속에서 미국과 영국을 중심으로 한 자유주의 진영 국가들은 연합국이 모두 참여하는 형식의 전면 강화보다 우선은 가능한 국가만 참여하는 단독 강화를 서두르게 되었습니다.

그리고 1951년 9월, 샌프란시스코에서 52개국이 참가한 가운데 대일강화회의가 열렸습니다. 소련, 폴란드, 체코슬로바키아는 서명을 거부했고, 구 영국령 인도와 버마는 회의 출석을 거부했으며, 중국의 양 정부(중화인민공화국, 중화민국)와 남북한은 초대받지 못했습니다.

이러한 자리에서 조인된 강화조약(제14조)에서는 지금 일본의 경제 수준으로는 연합국에 대한 완전한 배상을 할 수 없으니 일본군에게 점령당해 손해를 입은 국가들 중 금품이 아니라 일본인의 노동력으로 배상받기를 원하는 경우에 한해서만 개별적으로 교섭해도 좋으나, 그렇지 않다면 연합국은 배상을 모두 포기한다는 방침을 결정했습니다. 이 조항에 근거하여 연합국 중 46개국이 배상을 포기하였습니다. (다음의 표)

| 샌프란시스코 강화조약과 배상 | | |
|---|---|---|
| 참가국 | 연합국 중 46개국<br>(미국, 영국 등) | 배상 포기 |
| | 필리핀, 남베트남, 인도네시아 | 배상( = 경제협력, 무역) |
| | 소련, 폴란드, 체코슬로바키아 | 서명 거부<br>소련은 일소공동선언(1956)에서<br>배상 포기 |
| 비참가국 | 버마(참가 거부) | 강화회의 후 배상협정<br>( = 경제협력, 무역) |
| | 중화인민공화국<br>중화민국(타이완) | 중일공동선언(1972)에서 배상 포기<br>1952년 화일(華日)기본조약에서<br>배상 포기 |
| | 대한민국<br>조선민주주의인민공화국 | 한일조약(1965)에서 "경제협력"<br>아직 일본과의 국교 없음 |

참가국 중 필리핀(구 미국령), 남베트남(구 프랑스령), 인도네시아(구 네덜란드령)만 샌프란시스코 강화회의의 방침을 기준으로 하여 훗날 개별 교섭을 통해 배상협정을 체결했습니다.[2] 라오스와 캄보디아도 샌프란시스코 강화회의에서 배상을 희망했지만, 결과적으로 배상 권리를 포기했습니다. 비참가국 중에서도 버마와는 배상협정을 맺었습니다. 그러나 생산물을 통한 배상도 포함되는 등 모든 경우에서 "배상"은 명목일 뿐, 실제로는 경제협력 또는 무역이었으며 피해자 개인에 대한 보상은 없었습니다.

---

2  이 중 인도네시아는 서명은 했지만 비준은 하지 않고 나중에 개별적으로 평화조약과 배상협정을 체결했다.

## 동아시아 나라들은 왜 참가하지 못했는가 : 중국, 타이완, 남북한

중국 대륙과 타이완, 남북한 사람들은 대일본제국의 침략전쟁과 식민지 지배로 인해 장기간에 걸쳐 다대한 고통과 손해를 입었습니다. 그럼에도 불구하고 동아시아의 피해국들은 왜 샌프란시스코 강화회의에 참석하지 못했을까요?

우선 중화인민공화국과 중화민국(타이완) 참가에 대해서는 전자를 지지하던 영국과 후자를 지지하던 미국 사이에 의견이 갈라져서 결국은 양쪽 모두 초대하지 않는 것으로 결정되었습니다. 그후 중화민국(타이완)은 1952년에 샌프란시스코 강화조약의 발효와 같은 날에 체결된 화일(華日)기본조약에서 배상을 포기했습니다. 중화인민공화국도 국제정세의 힘 관계 속에서 1972년에 중일공동선언을 발표하며 배상을 포기하게 되었습니다.

한국전쟁 중이었던 남북한 양 정부는 각자의 입장에서 대일강화회의 참석을 요구했지만 실현되지 못했습니다.

우선 남측의 입장을 살펴보면, 한국전쟁 전의 남조선 과도정부 및 대한민국 정부의 주장은, 배상은 전승국이 요구하는 전비(戰費)배상도 보복 조치도 아닌 "희생의 회복을 위한 공정한 권리의 이성적 요구"라고 정의내린 점이 특징이라 할 수 있습니다.[3] 전승국과는 다른 입장에서 식민지 지배에 대한 배상의 이념을 제시한 점이 주목할 만합니다. 이러한 관점도 작용하여 당시 이승만 정부는 대일강화회의 참석을 강하게 요구했지만, 일본과 영국이 반대했습니다.[4] 일본은 한국이 참가하면

재일조선인에 대한 배상권을 인정해야 하는데 그렇게 되면 곤란하다는 논리로 반대했습니다. 영국은 중국 문제도 있고, 대일강화에서 구 식민지의 지위는 구 종주국의 지위에 준한다는 식민지주의 논리를 제기했습니다. 이리하여 한국은 강화회의에 초대받지 못했습니다.

조선민주주의인민공화국(북한)은 단독강화에 반대하며 참석 의사를 표명했습니다.[5] 일본의 침략에 맞서 무장투쟁으로 싸웠고 조선 인민들이 크게 희생되었다는 점을 고려한다면 대일강화회의에 초대받아야 한다고 주장했습니다. 하지만 북한 역시 초대장을 받지 못했습니다.

이리하여 분단된 동아시아 국가들은 냉전 질서 속에서 강화회의에 참석하지 못했습니다. 강화조약에서는 식민지였던 조선과 타이완의 배상에 대해서는 논급되지 않았고, 재산 처리 방식 등 '청구권' 문제에 대해서 각자 일본과 직접 논의하여 정하도록 규정된 정도였습니다. (제4조 a) 따라서 일본이 구 식민지에 끼친 피해의 배상 문제는 뚜렷이 정해진 바 없이 강화조약에서는 '청구권'이라는 틀만 설정된 채 이후의 양국 간 교섭으로 넘겨졌습니다.

---

3  "특히 여기서 주의를 환기해야 할 점은 조선의 대일배상청구는 전승국이 패전국에 대해 요구하는, 즉 승자의 손해를 패자에게 부담시키는 전비 배상의 이념과는 다른 특수한 성질을 가지고 있다는 점(……)이다"("대일통화보상요구의 관철』, 『조선경제신보』 조선은행조사부, 1948, Ⅰ-334쪽). "우리 대한민국의 대일배상청구의 기본정신은 일본을 징벌하기 위한 보복의 부과가 아니라 희생의 회복을 위한 공정한 권리의 이성적 요구에 있다."(『대일배상요구조서』1949. 5.)

4  金民樹, 「対日講和条約と韓国参加問題」, 『季刊国際政治』, 2002, 131.

5  소련 등에 '대일단독강화조약안에 대한 조선 인민의 태도'라는 제목의 문서를 보냈다. (1951. 6. 23. 일본어판은 『新時代』 Ⅱ-9, 1951에 수록) 『조선민주주의인민공화국 대외관계사 Ⅰ』, 사회과학출판사, 1985, 91~98쪽.

일본의 동남아시아 각국에 대한 배상과 경제협력은 1950년대 후반 이후에 실시되었습니다. 시기적으로는 고도 경제성장기에 들어선 단계였기 때문에 결과적으로 일본의 배상과 경제협력은 동남아시아에 대한 경제적 재진출의 발판이 되었습니다. 1965년에 체결된 한일조약에서는 청구권은 서로 포기하고 경제협력을 하는 것으로 정해졌는데, (Q17 참조) 이러한 방향성은 이미 샌프란시스코 강화조약 때 그 틀이 마련되었습니다. 이러한 의미에서 샌프란시스코 강화조약은 전후 일본의 배상 방식을 크게 좌우했다고 할 수 있습니다.

**참고문헌**

大蔵省財政史室 編,『昭和財政史 : 終戦から講和まで』第一巻, 東洋経済新報社, 1984.
竹前栄治ほか 監修,『GHQ日本占領史第二五巻 賠償』, 日本図書センター, 1996.

# 한일청구권 · 경제협력협정으로
# "모두 해결되었다"?

● 요시자와 후미토시

## 한일청구권협정이란 무엇인가?

1965년 6월 22일 '대한민국과 일본국 간의 재산 및 청구권에 관한 문제의 해결과 경제협력에 관한 협정'(이하, 한일청구권협정)이 체결되었습니다. 한일청구권협정 제1조에는 일본이 한국에게 무상 3억 달러, 유상 2억 달러의 경제협력을 실시할 것이 명기되었습니다.

그리고 제2조 제1항에는 "양 체약국은 양 체약국 및 그 국민(법인을 포함함)의 재산, 권리 및 이익과 양 체약국 및 그 국민 간의 청구권에 관한 문제가 완전히 그리고 최종적으로 해결된 것이 된다는 것을 확인한다"라고 되어 있습니다.

한일조약 비준서 교환 1965년 12월 18일

## 경제협력은 보상금인가?

우선 이 협정 제1조에 명기된 일본의 대한(對韓)경제협력은 결코 배상금
이 아니라는 점을 이해할 필요가 있습니다. 조문에는 한국의 청구권과
경제협력과의 관계가 전혀 쓰여 있지 않습니다. 그리고 일본 정부가 이
자금에 대해 '청구권의 대가'나 '보상금', 또는 '배상금'이라고 설명한 적
이 없습니다. [1]

예를 들어 한일청구권협정 등을 심의한 1965년 11월 5일 중의원 특
별위원회에서 시이나 에쓰사부로 외무대신은 "이 경제협력의 문제는 주

---

1    한일청구권협정 제1조에는 일본의 대한경제협력에 대해 "대한민국의 경제 발전에 도움이 되어야
     한다"라고 명기되어 있다.

로, 새로이 발족하는 한국이라는 것에 대한 축의금이라고 하면 어폐가 있겠지만 훌륭히 자랐으면 하는 마음으로 인식되고 있다"라고 설명했습니다.

**"완전히 그리고 최종적으로 해결된" 청구권이란 무엇인가?**

그렇다면 이 협정 제2조 제1항의 "완전히 그리고 최종적으로 해결된" 청구권이란 어떠한 내용을 담고 있을까요?

한국의 대일청구권 내용에 대해 일본 외무성은 "일본이 한국의 분리 독립에 수반되는 처리를 할 필요가 생긴, 이른바 전후 처리적 성격을 지닌다"라고 이해하고 있었습니다. 즉 일본이 식민지 조선을 합법적으로 지배했다는 것을 전제로 한 "전후 처리"라는 말입니다. 이 협정이 체결된 후 노동성, 대장성, 후생성 등이 소멸시키고자 했던 한국의 "재산, 권리, 이익"에 해당하는 개인청구권의 내용을 살펴보면, 우편 저금과 미불 임금 등, 식민지 당시의 법률 체계에서도 당연히 지불해야 하는 금전적 처리로, 당시의 법률 관계를 전제로 하고 있습니다. [2] 청구의 범주를 이런 식으로 설정하면 '위안부' 문제 등 전쟁범죄로 인한 피해 사항은 포함되지 않습니다. [3]

일본 정부가 공개한 외교문서에 따르면, 일본은 위와 같은 범주 이외의 모든 청구를 "일종의 '트집'을 잡는 것과 같은 권리"라고 하며 '청구권' 속에 포함시켜 한꺼번에 해결하려 했습니다. 한편 한국은 한일국

교정상화 이후에 제기된 청구에 대해서는 개별적으로 대응해야 한다고 생각하고 있었던 것 같습니다.

이렇듯 한일 양국이 '위안부' 문제와 같은 전쟁범죄 피해까지 포함한 모든 청구권이 한일청구권협정으로 해결되었다는 인식을 공유하고 있었는지 아닌지 지금까지 공개된 외교문서로는 확인할 수 없습니다.

## 외교보호권이란 무엇인가?

한국의 대일청구권 처리 방법에 대해서 일본 외무성은 '외교보호권' 포기만을 상정하고 있었습니다. 이 점에 대해 외무성의 설명에 의거해 살펴보겠습니다.

---

2 〈한국의 대일 청구 요강〉
　　제1항 조선은행을 통해 반출된 지금(地金)과 지은(地銀) 반환을 청구한다.
　　제2항 1945년 8월 9일 현재 일본 정부의 대(對)조선총독부 채무 변제를 청구한다.
　　제3항 1945년 8월 9일 이후 한국으로부터 이체 또는 송금된 금원(金員) 반환을 청구한다.
　　제4항 1945년 8월 9일 현재 한국에 본사, 본점 또는 주된 사무소가 있던 법인의 재일(在日) 재산 반환을 청구한다.
　　제5항 한국 법인 또는 한국 자연인의 일본국 또는 일본 국민에 대한 일본국채, 공채, 일본은행권, 피징용 한인의 미수금, 보상금 및 기타 청구권 변제를 청구한다.
　　제6항 한국인(자연인 및 법인)의 일본 정부 또는 일본인(자연인 및 법인)에 대한 권리 행사에 관한 원칙.
　　제7항 전기(前記) 제(諸) 재산 또는 청구권에서 생긴 제(諸) 과실(果實) 반환을 청구한다.
　　제8항 전기 반환 및 결제는 협정 성립 후 즉시 개시하여 늦어도 6개월 이내에 완료할 것.
3 한일기본조약 등 한일청구권과 함께 체결된 여러 조약에도 일본이 조선 식민지 지배에 대해 반성한다거나 사죄한다는 표현은 전혀 없다.

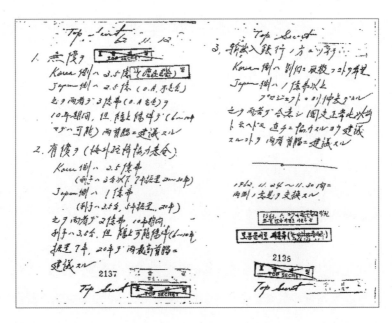

김종필 특사 일본 방문, 1962.10~11. (한국 정부 공개문서, 등록번호 726, 172~173쪽)

외무성 설명의 요점은 두 가지입니다. 첫째, 외교보호권이란 자국민이 입은 피해를 국가 자체의 권리 침해로 간주하고 그 상대국에게 청구하는 국제법상의 권리를 말합니다. 즉 외교보호권은 사인(私人)이 아니라 국가가 가지는 권리입니다.

둘째, 그렇기 때문에 국가가 사인을 위해 그 대리인 자격으로 상대국에게 외교보호권을 청구하는 것이 아닙니다. 국가가 외교보호권을 제기할지 여부는 국가의 재량으로 결정됩니다. 어떻게 하면 청구가 충족되었다고 판단할지를 결정하는 것도 국가입니다. 그러니까 외교보호권은 자국민의 권리 침해를 국가가 당한 것으로 간주하고 그 국가의 재량으로 행사하는 권리인 것입니다.

따라서 국가가 외교보호권을 포기했다고 하더라도 피해자들 개인의 청구권이 소멸하지는 않습니다. 이 점은 시베리아 억류 문제 등과 관련하여 일본의 사법부와 정부도 인정한 바 있습니다. 하지만 한일청구권협정에서는 국제법의 주체로서의 국가가 외교보호권을 포기하면 그 국가의 범주를 넘는 사인의 권리 행사는 사실상 불가능하다고 인식되었습니다.


## 결국 한일청구권협정으로 무엇이 해결되었는가?

이러한 인식을 바탕으로 일본 정부는, 한일 양국이 외교보호권을 포기함으로써 사인의 권리까지 소멸했는지 여부를 애매하게 규정한 채로 상대국 또는 상대국 국민의 재산을 각자 처분해도 좋다고 판단했습니다. 그 결과 일본 정부는 일본의 국내법으로 한국인 개인의 청구권을 소멸시키기 위한 조치로서, 1965년 12월 17일 '재산 및 청구권에 관한 문제해결 및 경제협력에 관한 일본국과 대한민국 간의 협정 제2조 실시에 수반되는 대한민국 등의 재산권에 대한 조치에 관한 법률'을 제정했습니다.

앞서 말했듯이 이 법률로 처리된 것은 '위안부' 문제와 같은 전쟁범죄 피해가 아니라 식민지 시기 법률체계에 의거한 한국인의 우편 저금과 미불 임금 등 "재산, 이익, 권리"였습니다.

## 한국 정부는 개인 보상을 거부했는가?

1961년 5월 10일 일반청구권 소위원회에서 한국은, 한국인 개인에게 직접 전달하는 방식으로 미불 임금 등을 지불하고 싶다는 일본 측의 제안을 거절하고 "지불 문제는 한국 정부의 손으로 처리하고 싶다"라고 했습니다. 이 발언을 가지고 한국 정부가 개인보상을 하겠다는 일본 정부의 제안을 거부했다는 설이 있습니다. 그러나 이 설은 오해라고 할 수밖에 없습니다.

첫째, 이때 일본이 지불하겠다는 것은 미불 임금과 우편 저금 등 식민지 시기의 법률체계에 의거한 채무 이행에 불과합니다.

둘째, 이 제안은 한국인 개인이 증빙자료를 제시해야만 지불하겠다는 조건이 붙어 있었고, 한국 측의 청구액을 가능한 한 줄이려고 했던 의도에서 나온 것이었습니다. 그러니 한국이 받아들일 수 있을 만한 제안은 아니었던 것입니다.

셋째, 이 제안이 나오기 전의 외교문서를 보면 일본은 이 '채무 이행'에 대해서조차 소극적이었습니다.[4] 일본의 방침이 이미 '경제협력방식'을 통해 청구권 문제를 해결하려는 쪽으로 기울어져 있었던 것이 주 요

---

4  "외무성이 회담에서는 비교적 문제가 적은, 예를 들어 미불 임금과 같은 문제부터 먼저 논의하는 것이 어떻겠냐고 한 것에 대해, 대장성은 미불임금 같은 경우는 한국에서는 이미 받은 것처럼 여기고 있으니 이런 문제부터 들어가면 한국 측에게 부당한 희망을 안겨주게 되는 것이 아닌가, 오히려 8항목 순서대로 이것도 안 된다, 저것도 안 된다는 식으로 진행해 나가는 것이 교섭의 테크닉으로 유리하지 않겠냐는 의견을 제시했다"(北東アジア 課, 「請求權問題に関する大蔵省との打合会」 1961. 2. 6. 외무성 개시기록, 문서번호 1350, 13~14쪽).

인입니다. 즉 일본은 청구권 문제를 뒤로 미루고 과거의 문제에 관한 개인 보상을 하지 않겠다는 방침을 굳힌 상황에서 위와 같은 제안을 한 것에 불과합니다.

## 논의된 적 없는 '위안부' 피해

그리고 한일청구권협정이 체결되기까지의 교섭 과정에서 '위안부' 문제는 거의 논의되지 않았습니다. 외교문서에 딱 한 군데 관련 언급이 있긴 합니다. 하지만 한국 측 대표가 "일본 혹은 그 점령지에서 돌아온 한국인의 예탁금"을 논의하는 문맥에서 '위안부'의 사례를 거론한 것에 불과하며 '위안부' 피해에 대한 내용은 전혀 포함되어 있지 않습니다.

앞서 살펴본 바와 같이 한일청구권협정에서 일본의 조선 식민지 지배와 아시아침략전쟁으로 인한 '위안부' 피해에 대한 역사적 책임 문제가 해결되었다고는 말할 수 없습니다.

**참고문헌**

高崎宗司, 『検証日韓会談』, 岩波書店, 1996.

吉澤文寿, 『日韓会談1965－戦後日韓関係の原点を検証する』, 高文研, 2015.

吉澤文寿, 『〔新装新版〕戦後日韓関係－国交正常化交渉をめぐって』, クレイン, 2015.

李洋秀, 「疑問多い日韓条約での解決済み－日韓会談の文書公開と情報開示」, 田中宏・中山武敏・有光健ほか, 『未解決の戦後補償』, 創史社, 2012.

日本軍「慰安婦」問題解決全国行動, 『日本軍「慰安婦」問題－本当に「日韓請求権協定で解決済みか」韓国憲法裁判所「決定」を読む』 2011.

日韓会談文書・全面公開を求める会 HP http://www.f8.wx301.smilestart.ne.jp

Q
___
18

# 왜 한국 정부는
# 지금 '위안부' 문제 해결에
# 발벗고 나서는가?

●
정영환

## 헌법재판소 결정이란?

2011년 12월 한일정상회담에서 이명박 대통령이 노다 요시히코 총리에게 '위안부' 문제 해결을 제안하면서 '위안부' 문제는 다시금 한일 양정부 간의 중요한 의제로 떠올랐습니다. 그때까지 '위안부' 문제에 그다지 관심을 보이지 않던 이명박 대통령이 왜 이러한 제안을 하게 되었을까요? 일본에서는 이듬해의 독도 방문과 함께 퇴임 직전의 인기끌기작전으로 보는 피상적 견해가 대부분이었습니다. 하지만 이명박 대통령이 "해결"을 제안하게 된 배경에는 한국 헌법재판소[1]의 '위안부' 문제에 관한 중요한 결정이 존재했습니다.

　헌법재판소가 2011년 8월 30일 일본군 '위안부'에 대한 보상 문제에 관련하여 내린 결정[2]은 한일협정에 관한 한국의 새로운 사법판단의 단서가 되었습니다.

결정에 이른 경위는 다음과 같습니다. 2006년 7월 6일, 일본군 '위안부' 피해 여성들은 헌법재판소에 헌법소원심판을 청구했습니다. 피해 여성들의 배상청구권 문제에 대해 한일 양국에 명백한 분쟁이 존재함에도 불구하고 한국 정부가 한일청구권협정에 의거한 해결을 위한 조치를 강구하지 않는 것(= 부작위不作爲)은 청구인의 기본권을 침해하는 것으로서 위헌이라는 주장입니다. 헌법재판소는 '위안부' 피해 여성들의 주장을 받아들여 한국 정부의 이러한 "부작위"는 그들의 기본권을 침해한다는 결정을 내렸습니다.

이 결정은 일본의 불법행위로 인한 피해자들이 여전히 청구권을 행사할 수 있다는 가능성을 제시함으로써, 한일협정으로 "해결되었다"라고 보는 종래의 한국 정부의 해석에 근본적 수정을 요구한 것입니다.

이어 대법원은 2012년 5월 24일 일본의 국가권력의 반인도적 불법행위로 인한 개인의 손해배상청구권은 1965년 한일청구권협정으로 "완전히 그리고 최종적으로 해결된"(제2조 제1항) 대상에 포함되지 않는다는 판결을 내렸습니다.

---

1 헌법재판소는 대법원을 정점으로 하는 통상 법원으로부터 독립된 특별재판소다. 헌법 해석에 관련되는 사안 해결을 목적으로 1987년 헌법개정(제6공화국헌법) 때 도입되었다. ①위법입법재판권, ②대통령, 국무위원, 판사, 검사 등의 탄핵심판권, ③위헌정당심판권, ④권한쟁의심판권, ⑤헌법소원심판권을 가짐으로써, "공권력 행사 또는 불행사로 인한 헌법상 보장되는 기본권을 침해당한 자는 (…) 헌법재판소에 헌법소원심판을 청구할 수 있다"(헌법재판소법률 제68조1항).
2 헌법재판소 결정 전문은 헌법재판소 홈페이지에서 확인할 수 있다.

그리고 최근 10년간 한일회담문서가 점차 공개되면서 한일회담에 관한 연구와 전후보상재판은 새로운 국면에 접어들게 되었습니다.

## 박유하의 헌법재판소 결정 비판

헌법재판소의 결정을 어떻게 평가해야 할까요? 다양한 평가가 존재하는데 가운데, '위안부' 문제를 다시 외교적 의제로 부상시킴으로써 한일관계를 악화시켰다고 보는 부정적 평가도 있습니다.

비판론자의 한 사람인 박유하는 다음과 같이 지적합니다.

> 결정은 이후 정부로서 일본 정부에게 적극적인 태도를 취하게 했지만 문제의 본질을 이해하지 못한 채 취하는 행동이 해결로 이어질 리가 없다. 실제로 그 후 '외교적 해결'을 위한 시도는 한일관계를 악화시킬 뿐이었다. (『帝国の慰安婦』, 朝日新聞出版, 2014, 196쪽)

물론 결정이 나왔다고 해서 바로 '위안부' 피해 여성들의 보상 문제가 해결되지는 않았습니다. 한국 정부는 헌법재판소의 결정을 받아들이고 일본 정부에게 협의 신청을 했습니다만, 일본 정부는 청구권 문제는 모두 해결되었다는 종래의 입장을 견지하며 협의에 응하지 않았습니다. 오히려 노다 당시 총리는 서울의 일본대사관 앞에 세워진 소녀상 철거를 요구했습니다. 한일 양 정부는 변함없이 평행선을 달리고 있었던 것입니다.

　박유하는 헌법재판소의 결정이야말로 한일관계를 "악화"시킨 원인이라고 주장합니다.

　결정은, 개인이 피해를 보상받을 기회를 빼앗은 것은 일본 정부가 아니라 한국 정부였다는 점, 그리고 90년대에 다시 한 번 일본 정부가 보상을 했고 상당수의 위안부가 일본의 보상을 받아들였다는 점을 파악하지 못한 채 내려진 모양이다. 무엇보다 이때의 모든 판단은 '조선인 위안부'에 대한 불충분한 인식과 자료에 근거해 내려졌다(『帝国の慰安婦』, 193쪽).

　즉 헌법재판소는, '위안부' 피해자가 개인보상을 받을 기회를 빼앗은 것은 한국 정부였다는 사실을 이해하지 못한 채 잘못된 인식에 근거하여 결정을 내렸다는 주장입니다.

　그러나 박유하의 이러한 평가는 한일회담과 한일협정에 대한 부정확한 이해에 의거하고 있습니다. 우선 현재까지의 한일회담 연구에서, 한일회담 과정에서 '위안부' 피해 여성의 보상 문제가 논의되었는지 여부는 명확히 밝혀지지 않았습니다. (Q17 참조) 1953년 회담 때 한국 측 위원이 "한국 여자 중에 전쟁 때 해군이 관할하던 싱가포르 등 남방으로 갔다가 위안부로서 돈이나 재산을 두고 귀국한 사람이 있다"라고 하며, 점령지에서 돌아온 조선인의 "예탁금"을 논의하는 문맥에서 잠시 언급했다는 정도가 확인되었을 뿐입니다.[3] '위안부' 피해 여성들이 "피해를 보상받을 기회를 빼앗은 것은 일본 정부가 아니라 한국 정부였다"

라는 박유하의 말은 확인된 사실이 아닙니다.[4]

그리고 "90년대에 다시 한 번 일본 정부가 보상을 했"다는 것도 사실이 아닙니다. 여성을 위한 아시아평화국민기금(이하 '국민기금')의 "쓰구나이금(償い金)"이 "보상"이 아니었음은, 일본 정부뿐 아니라 국민기금 관계자들도 수차례 표명했습니다. 국민기금 부이사장이었던 이시하라 노부오가 "이것은 배상이라는 것이 아니라 ODA와 마찬가지로 인도적 견지에서 하는 일정의 지원협력입니다"라고 확실히 밝힌 바 있습니다.[5] "쓰구나이(償い)"라는 말은 한국어로는 "보상"이라고 번역할 수도 있지만, 본질적으로 일본의 법적 책임을 전제로 한 보상이나 배상과는 분명히 다릅니다.

### 헌법재판소의 결정과 한일협정의 극복

오히려 헌법재판소의 결정은 한국 정부에게 한일협정 때 "해결되었다"라는 논리로 인해 봉쇄되어 버린 식민지 지배와 전쟁 피해자들의 목소리에 귀를 기울이도록 요구하는 내용이라 해야 합니다.

---

3 吉澤文寿, 「日韓請求権協定と「慰安婦」問題」, 西野瑠美子·金富子·小野沢あかね 責任編集, 『「慰安婦」バッシングを越えて―「河野談話」と日本の責任』, 大月書店, 2013.

4 박유하의 한일회담 이해의 문제점에 대해서는 졸고, 「歪められた植民地支配責任論―朴裕河『帝国の慰安婦』批判」, 『季刊戦争責任研究』第八四号, 2015년 여름호를 참조하기 바란다.

5 西野瑠美子, 「被害者不在の『和解論』を批判する」, 앞의 책 『「慰安婦」バッシングを越えて』, 138쪽.

그리고 이 결정은 아베 코키가 말했듯이, 제2차 세계대전 때 자행된 불법행위에 대한 이탈리아와 그리스 사법부의 판단과 마찬가지로 "21세기를 '또 하나의 19세기'가 아니라 20세기 다음의 세기에 걸맞는 세기로 만들기 위해서" 탄생한 "과거를 소환하는 조류"이자 "식민지주의를 극복하지 않고서는 21세기는 있을 수 없다는 조류의 확산"의 하나로 자리매김할 수 있습니다.[6]

실제로 헌법재판소의 결정은 그때까지의 한국 정부의 자세를 똑똑히 비판했습니다. 비판의 취지는 다음 문장에 잘 드러나 있습니다.

나아가 특히, 우리 정부가 직접 일본군 위안부 피해자들의 기본권을 침해하는 행위를 한 것은 아니지만, 위 피해자들의 일본에 대한 배상청구권의 실현 및 인간으로서의 존엄과 가치의 회복을 하는 데 있어서 현재의 장애상태가 초래된 것은 우리 정부가 청구권의 내용을 명확히 하지 않고 '모든 청구권'이라는 포괄적 개념을 사용하여 이 사건 협정을 체결한 것에도 책임이 있다는 점에 주목한다면, 피청구인에게 그 장애상태를 제거하는 행위로 나아가야 할 구체적 작위의무가 있음을 부인하기 어렵다. (밑줄은 인용자)

이 결정은 한국 정부에게도 책임이 있기 때문에 한일협정 당시 배제된 사람들의 기본권을 보호할 "구체적 작위의무"가 있다고 명시하고 있

---

6  阿部浩己,「日韓請求権協定・仲裁への道」,『季刊戦争責任研究』第八〇号, 二〇一三年夏季号, 三三頁.

습니다. 헌법재판소는 바로 이러한 이유로 이 문제를 해결해야 할 의무
가 한국 정부에게 있다고 판단한 것이죠. 그러니 한국 정부도 그 책임
을 져야 합니다. 피해자들의 정의와 존엄성을 회복할 출구를 봉쇄해버
린 한일협정을 어떻게 극복해야 할지 우리들은 생각해야 합니다.

# 한국의 '위안부' 문제
# 해결운동은 '반일'이다?

●
양징자

한국의 일본군 '위안부' 문제 해결을 위한 운동의 목적은 '위안부' 피해자들을 지원하고 그들의 요구를 실현하기 위해 일본군과 일본 정부의 책임을 추궁하고 전시 성폭력을 근절하는 것입니다. "우리와 같은 피해자를 두 번 다시 만들지 말라"는 '위안부' 피해 여성들의 바람을 실현하기 위해서는 전시 성폭력이 범죄로서 처벌받고 책임을 져야 할 국가가 사죄와 배상을 하는 시스템과 전례를 만들어야 합니다. 이에 한국에서는 한국 정부의 전시 성폭력에 대한 진상 규명과 책임 추궁 운동이 일어나고 있습니다.

그리고 한국의 이러한 운동은 일본 및 전 세계 시민들과 연대하고 있습니다. '위안부' 문제 해결운동은 한국의 '반(反)일본' 정치수단이 아니라 국경을 넘은 '반(反)성폭력', '반(反)식민지주의' 운동이라 할 수 있습니다.

## 피해 여성을 지원해온 정대협

한국에는 다양한 관련 운동단체가 있습니다. 예를 들어 '위안부' 피해 자들이 함께 생활하는 〈나눔의 집〉[1]은 독자적인 운동을 전개하고 있 습니다. 그리고 부산, 대구, 통영·거제, 마산·창원·진해 등지의 단체 들도 그 지역에 사는 피해자를 지원하면서 자료관을 건설하는 등 다양 한 활동을 펼치고 있습니다. 이들 단체는 서로 연대하면서, 한편으로 는 각자의 운동을 주체적으로 전개하고 있습니다.

이러한 다양성을 염두에 두고, 여기서는 한국정신대문제대책협의회 (이하 정대협)의 운동을 중점적으로 다루어보고자 합니다. 정대협은 한 국 최초의 '위안부' 문제 해결을 위한 단체로 결성되었으며 국내외적으 로 많은 주목을 받았습니다. 그래서 잘 모르는 사람들이 한국의 관련 운동은 모두 정대협이 한다고 생각하거나,[2] 무슨 일만 있으면 '반일단 체'라는 낙인을 찍기도 합니다.[3]

정대협은 1990년 11월 16일, 한국의 37개 여성단체의 연합체로 결

---

1  1992년 한국 불교단체 등의 발의로 건립된 일본군 '위안부' 피해 여성들의 공동생활 터. 1998년 에는 부지 내에 역사관을 개관하여 할머니들이 그린 그림 등도 전시하면서 찾아오는 사람들에게 역사와 기억을 전하는 장소가 되었다.
2  예를 들어 박유하의 『제국의 위안부』 출판 금지 및 민형사소송을 제기한 원고는 나눔의 집에 거 주하는 아홉 명의 피해자인데, 박유하가 "지원단체가 내게 소송을 걸었다"라고 표현하는 바람에 정대협이 소송을 제기했다고 오해하는 사람들이 많다. '정대협이 배후에서 조종하고 있다'라는 사실 무근의 소문까지 돌았다. 이에 대해 묻는 기자의 질문에 윤미향 정대협 대표는 "독자적인 운 동을 전개하고 있는 나눔의 집이 이 소문을 들으면 대단히 기분 나쁘지 않겠느냐"라고 답했 다. (2015년 4월 23일 일본 참의원 의원회관에서 개최된 심포지엄에서)

성되었습니다. 민주화운동의 경험과 페미니즘의 영향으로 1980년대에 비약적으로 발전한 한국의 여성운동이 그 배경에 있었습니다.

정대협이라는 버팀목이 생기자 피해자들은 '위안부'였음을 밝히기 시작했습니다.[4](Q15 참조) 이후 피해자 지원이 정대협 활동의 중심이 되어 갔습니다. 정대협은 정기적으로 전국의 피해자의 집을 방문하여 생활과 건강상태를 직접 파악하고 피해 여성들의 공동주택인 쉼터 〈평화의 우리 집〉도 운영하고 있습니다. 그리고 한국 정부에게 해방 후 반세기 동안이나 '위안부' 피해 여성들을 방치해온 책임을 추궁하고 지원정책을 강구하도록 촉구하여, 지금은 피해자들이 매월 지급되는 생활지원금과 무료의료제공을 비롯한 다양한 사회보장정책을 받을 수 있게 되었습니다.[5]

---

3  여기서는, 누군가가 조금이라도 일본에 대해 듣기 싫은 말을 하면 바로 '반일'이라는 낙인을 찍고 그 사람의 의견을 무시 또는 폄훼하거나 정치적으로 공격하는 것을 피판하고자 한다. '반일'이라고 여겨지는 발언 및 행동의 내용은 대부분 일본의 제국주의, 식민지주의, 군국주의, 파시즘, 역사적 책임의 부정과 같은 문제에 대한 비판이며, 이러한 비판의 내용과 역사적 배경을 제대로 이해할 필요가 있다.

4  1991년 8월 14일, 김학순 할머니가 공개 기자회견을 열어 피해 사실을 밝힌 것을 계기로, 1991년 말부터 1992년에 걸쳐 많은 피해자들이 신고를 했다. 그 후 신고 수는 계속 증가하여 238명으로 늘었고, 그 중 2016년 3월 현재 생존자는 44명이다.

5  1993년 〈일본군 '위안부' 피해자에 대한 생활안정지원법〉이 제정되어 매달 생활지원금이 지급되게 되었다. 이 법은 2004년에 〈일본군 '위안부' 피해자에 대한 생활안정지원 및 기념사업 등에 관한 법률〉로 개정되어 한국정부는 피해자 개인에게 한 달에 98만 2천원을 지원하게 되었다. 이외에도 국민기초생활보장법에 근거한 생활비 지급, 의료비 지급, 임대주택 우선입주, 간병인 비용 지원 등이 실시되고 있으며 각 지방자치단체도 정부와 별도로 지원정책을 실시하고 있다.

## 평화운동가가 된 할머니들

본인이 '위안부'였음을 밝힌 피해 여성들 중에는 일본대사관 앞 수요집회(칼럼 「〈소녀상〉은 어떻게 만들어졌는가」 참조)에 참가하거나, 일본을 비롯한 세계 각지에서 증언을 하는 등, 해결을 촉구하는 활동에 스스로 참여하는 분들이 계십니다. 이러한 활동은 피해자 스스로에게 커다란 변화를 불러일으켰습니다. 정대협은 피해자들을 존경과 친근함을 담아 '할머니'라고 부릅니다.

그러한 할머니들 가운데 〈나비 기금〉이 설립되는 계기를 마련한 김복동 할머니와 길원옥 할머니가 계십니다.[6] 두 분은 정대협과 함께 일본과 미국, 유럽 각지를 돌면서 '위안부' 문제 해결을 호소하는 운동을 하면서, 그리고 수요집회를 찾아오는 세계 각국의 사람들과 한국의 미군 기지촌에서 성을 수탈당한 여성들을 만나면서, 지금도 군대의 성폭력에 희생되는 여성들이 있음을 알게 되었습니다.

일본 정부한테 배상금을 받으면 지금도 전시하에서 성폭력 피해를 받고 있는 여성들에게 모두 주고 싶다.

---

6  두 분 외에도 문명금 할머니, 김옥주 할머니는 한국 정부에게서 받은 생활지원금 등을 전쟁 피해자를 위해 써달라고 하면서 베트남진실위원회에 기부했다. 두 분의 뜻은 한국이 가해자로서 진정한 사죄를 하기 위한 평화박물관 건립운동으로 계승되었다. (인터뷰 「한홍구 선생에게 듣는다」 참조)

길원옥 할머니

두 분이 이렇게 말하는 것을 들은 정대
협은 2012년 3월 8일, 전시하 성폭력 피
해를 입은 각국의 여성들을 지원하기 위한
〈나비 기금〉을 만들었습니다. 〈나비 기
금〉은 2012년 4월부터 분쟁 중인 콩고의
성폭력 피해 여성들을 위한 지원활동을 시
작했고, 1년 후인 2013년 3월부터는 베트
남전쟁 때 한국군의 성폭력 피해를 입은 여
성들과 그 아이들을 위한 지원도 시작했습
니다. 그리고 한국 정부가 잘못을 인정하
고 책임 있는 조치를 취하도록 촉구하는 운동을 벌이고 있습니다. [7]

정대협의 〈나비 기금〉이 베트남 피해 여성의 지원 활동을 시작했을
때 어디에 어떤 피해자들이 얼마나 있는지 이미 어느 정도 파악이 되어
있었습니다. 윤정옥 정대협 초대 공동대표가 2002년에 대표직에서 물
러나자마자 '한국·베트남시민연대'를 조직해서 한국군의 성폭력 피해
를 입은 베트남 여성들의 조사와 지원 활동을 현지에서 이미 하고 있었
기 때문입니다. 〈나비 기금〉은 이러한 활동을 계승하여 베트남 지원 활

---

7  2014년 3월 정대협은 한국 정부에게 보낸 요청문에서, 진상조사 및 규명, 한국군의 민간인 학살
   이 전쟁범죄임을 인정하고, 한국군 민간인 학살 피해자와 그 유족에 대한 사죄와 명예회복을 위
   해 노력할 것, 베트남 정부와 국민에게 공식 사죄와 법적 책임을 이행할 것을 요구하였다. 정대협
   이 운영하는 '전쟁과 여성 인권박물관'에서 베트남전쟁 당시 한국군의 범죄에 관한 특별전을 열기
   도 했다.

동을 시작한 것입니다. 〈나비 기금〉의 활동이 베트남에 서서히 알려지자, 더 많은 피해자들이 본인의 피해 사실을 밝히게 되었습니다.[8]


## 전시 성폭력을 근절하기 위한 정대협의 활동

정대협은 사반 세기에 걸쳐 활동해 오면서 일본군 '위안부' 문제를 지금도 계속되는 여성에 대한 전시하 성폭력 문제로 뚜렷이 자리매김하도록 만들었습니다. 따라서 여성의 성을 수탈하는 국가의 책임을 일본에게만이 아니라 한국 정부를 비롯한 모든 책임 있는 국가에게 묻고 있습니다. 정대협은 '기지촌여성인권연대'[9]활동에 결성(2012) 초기부터 참여하고 있고 2014년에 시작된 미군기지촌 위안부 소송도 지원하고 있습니다.[10]

---

8  2015년 3월 빈딩성 인민위원회로부터 26명의 피해자가 확인되었다는 연락을 받고 정대협은 현지로 가서 여성들을 만나 조사했다. 이렇게 새로운 지원대상자가 확정되었다.

9  2012년 8월 미군기지 주변에서 성을 수탈당해 온 여성들을 지원하는 두레방 등 일곱 개 단체가 4년간의 준비 기간을 거쳐 결성했다. 집단소송 제기를 중심 과제로 삼았다. (Q21 참조)

10  윤미향 대표는 "우리가 바라는 세상은 우리 스스로가 평화롭지 않으면 안 되기에 우리 사회의 부정의한 제도와 문화를 변화시키는 활동으로 이어졌으며, 그 과정에서 미군기지촌여성인권문제 및 성매매 피해 여성 문제와의 연대로 이어졌다. 그런 활동의 배경에는 일본군 '위안부' 문제와 미군기지촌 여성인권 문제, 현재도 계속되고 있는 전시 성폭력 문제 등을 만들어내는 시스템이 결국은 같은 뿌리인 가부장제에서 비롯되고 있다는 인식 위에서 가능한 것이었다"라고 말했다. (2015년 4월 23일 '나비기금을 아십니까?' 집회에서의 발언)

11  주10과 같음.

윤미향 정대협 대표는 이러한 정대협의 운동의 키워드를 '연대'와 '과정'이라고 표현합니다.[11] 한 곳에 머무는 것이 아니라 연대를 통해 배우고 확산하고 본인들의 문제를 알리면서 동시에 타인의 문제를 스스로의 문제로 생각하고 연대한다, 정대협은 항상 이러한 '과정' 중에 있다고.

운동은 '사람'이 만듭니다. 사람은 경험하고 배우고 변화합니다. 그러니까 사람이 만드는 운동도 스스로 변화합니다. 특히 피해자들과 함께 걸어온 '위안부' 문제 해결운동은 피해자와 지원자가 서로 영향을 주고받으면서 같이 변화하고 또 운동도 변하는, 이러한 과정을 걸어 왔습니다. 그리고 지금도 변화 중에 있습니다.

이러한 변화의 과정 속에서도 절대 변하지 않는 것은 피해자 지원과 피해자가 원하는 해결이 운동의 중심이라는 점입니다. 이러한 가운데 일본 정부가 피해자들에게 사죄와 배상을 하게 하도록 한국 정부에 촉구한 것입니다. 이 운동은 앞서 말했듯, 뚜렷한 이유도 없이 단지 일본에 반대하기 위한 운동이 아닙니다. 피해자들의 요구를 실현하고, 나아가 전시 성폭력을 근절하기 위한 여성인권운동이자 평화운동입니다.

〈소녀상〉은
어떻게
만들어졌는가?

—작가 김서경, 김운성의 마음

●

오
카
모
토

유
카

일본 보수 언론이 '반일'의 상징이라며 공격 대상으로 삼고 있는 〈소녀
상〉(정식 명칭은 '평화비')이 2015년 1월에 처음으로 일본에 왔습니다. 〈소
녀상〉을 제작한 조각가 김서경, 김운성이 제작에 담은 마음과 일본에서
어떠한 만남이 있었는지를 보고하겠습니다.


**〈표현의 부자유전〉 전시회장 풍경 2015년 1월**


"가장 중요시한 것, 그건 사람들과의 의사소통이 가능하도록 제작하는

---

■ 오카모토 유카(〈표현의 부자유전〉 공동대표)

평화비(서울 일본대사관 앞 평화길) / 촬영 : 후루카와 미카

것이었습니다. 그래서 작고 낮은 등신대의 상을 만들었습니다"라고 김
서경은 말했습니다. 그의 말대로 2015년 1월 〈평화의 소녀상〉(작가는 작
품으로서 이렇게 부른다. 이하 〈소녀상〉)은 처음 일본에 와서 2700여 명의 사
람들과 작품으로서 만났습니다.[1] 이때 전시된 〈소녀상〉은 서울의 일
본대사관 앞 〈소녀상〉과 같은 크기로 FRP에 아크릴 물감으로 채색한
실물 크기의 작품입니다.

제작자인 김서경, 김운성[2]은 미대 재학 중 민주화운동에 참여했고
그 과정에서 만나 결혼했다고 합니다. 이후 '민중예술' 조각가로서 사

〈표현의 부자유전〉 전시회장. 2015. 1.

회가 직면하고 있는 문제에 대해 무엇을 할 수 있을지 추구해왔습니다. 작품에는 2002년 미군 장갑차에 숨진 효순이, 미선이를 추도하는 작품(9주기인 2011년)과 한반도 통일을 염원하는 작품 등이 있습니다.

2011년 3월 한국정신대문제대책협의회는 1000번째 수요집회[3]를 기념하여 〈평화비〉를 세우고자 모금운동을 벌였습니다. 이때 김서경, 김

---

1  2015년 1월 18일부터 2월 1일까지, 도쿄 네리마의 갤러리 후루토에서 〈표현의 부자유전 : 지워진 것들〉이 열렸다. 2012년 도쿄도미술관 '제18회 JAALA국제교류전' 때 미술관 측이 철거한 〈소녀상〉 등 표현의 자유가 침해당한 작품들이 전시되었다. 도록『表現の不自由展～消されたものたち』(表現の不自由展～消されたものたち展実行委員会 編·発行, 2015) 등을 참조바란다. https://www.facebook.com/hyogennofujiyu/

2  김서경, 김운성 부부는 전시회에 맞춰 일본을 방문해 첫날과 이튿날(29일)에 이케부쿠로의 도시마 구민센터에서 토크쇼를 열었다. 이 글은 그때의 발언 내용을 바탕으로 필자가 별도로 인터뷰한 내용을 가필하여 정리한 것이다.

3  수요집회에 대해서는 윤미향, 『25년간의 수요일 : 일본군 위안부 할머니들의 평화의 날갯짓』(사이행성, 2016) 등을 참조하기 바란다.

운성 부부는 한동안 서울을 떠나 있다가 다시 서울로 돌아온 직후였는데, 수요집회가 20년 넘게 계속되고 있는 현실을 접하고 스스로에 대한 반성을 담아 뭔가 할 수 있는 일이 없을까 하고 정대협을 방문했습니다. 이것이 〈소녀상〉 탄생의 계기가 되었습니다.

## 〈소녀상〉의 세부에 깃든 것

원래 비석으로 제작할 생각으로 비석 디자인을 하고 있었습니다. 그런데 일본에서 비석을 세우지 말라는 시비를 걸었고 이에 김서경, 김운성은 분함을 느껴 비석 정도로는 할머니들의 상황과 내용을 표현하기에 부족하니 조각으로 형상화하자고 제안을 해서 조각으로 제작하게 되었던 것입니다. 그래서 처음에는 일본의 전쟁범죄를 꾸짖고 잘못을 타박하는 할머니 모습으로 형상화하다가 모습이 너무 과격하여 고민하던 차에 김서경이 작은 소녀상을 제작하자고 제안했고 이에 모두 찬성하여 현재의 〈소녀상〉으로 탄생하게 된 것입니다.

　〈소녀상〉의 세부에는 여러 의미가 담겨 있습니다. 그 의미들은, 처음부터 의도되었던 것이 아니라 김서경이 '만약 나였다면', '내 딸이었다면'이라는 상상을 통해 흙을 반죽하는 창작 과정에서 시행착오를 겪으며 생겼다고 말합니다. 하나하나 살펴볼까요?

　〈소녀상〉에는 긴 그림자(①)가 있습니다. 오랜 시간이 흘러 소녀가 할머니가 된 그림자입니다. 할머니들의 원망과 한이 몇 겹이나 어린 세

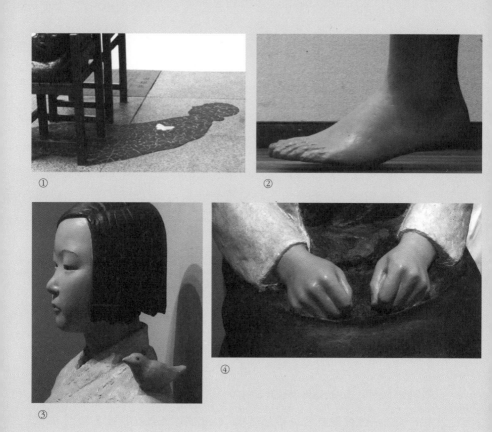

①       ②

③       ④

월의 그림자. 가슴에 앉아 있는 하얀 나비는 돌아가신 할머니들이 나비로 다시 태어나 〈소녀상〉과 함께 있음을 표현하고 있습니다.

　뒤꿈치가 닳아 해진 맨발(②)은 험난했던 인생을 표현하고, 땅을 딛지 않고 살짝 떠 있는 발뒤꿈치는 할머니들을 방치해온 한국 정부의 무책임함과 한국 사회의 편견을 묻고 있습니다.

　당시 조선의 소녀들은 댕기머리를 하고 있었습니다. 작가는 여러모

⑤

로 궁리하다가 일부로 거칠게 뜯겨진 단발머리(③)로 했습니다. 고르지 못한 머리끝은 가족과 고향으로부터 강제로 멀리 떨어지게 되었음을 의미합니다.

어깨 위의 작은 새(③)는 평화와 자유의 상징이며 돌아가신 할머니들과 현재의 할머니들, 그리고 우리들을 잇는 영매 역할을 합니다.

무릎 위의 손(④)은 처음엔 포개어져 있었습니다. 그런데 사죄는커녕 소녀상 설치를 방해하는 일본 정부를 앞에 두고 해결을 염원하는 마음에 점점 주먹을 꽉 쥐게 된 것을 표현했다고 합니다.

그리고 〈소녀상〉 옆에 있는 빈 의자(⑤)는 돌아가신 할머니의 부재를 나타내고 있습니다. 누구든 그 의자에 앉아 할머니/소녀의 마음을 상상하며 공감하기 바라는 마음이 담겨 있습니다. 또한 '위안부' 문제를 여지껏 해결하지 못하고 있는 한국과 일본의 우리들에게 숙제를 던져주는 의자이기도 하다, 라고 김서경은 말합니다.

## 〈소녀상〉 옆에 앉아 보니

〈표현의 부자유전〉 전시회장에서는 서울 일본대사관 앞의 〈소녀상〉과 마찬가지로, 〈소녀상〉 옆에 의자를 나란히 놓아두었습니다. 작가의 희망사항으로 누구든 그 의자에 앉을 수 있도록 했더니 매일 많은 관람객들이 소녀 옆에 앉아 사진을 찍고 추운 날에는 목도리를 둘러주기도 하고, 눈물을 글썽이는 모습도 볼 수 있었습니다.

실은 누구든 앉을 수 있게 하면 〈소녀상〉이 공격받지는 않을까 우

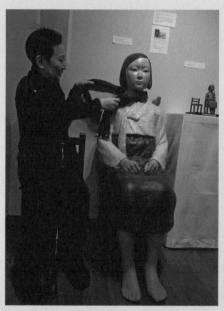

〈소녀상〉에 목도리를 둘러주고 있다.
〈표현의 부자유전〉에서

김서경(왼쪽)과 김운성(오른쪽)

려하는 목소리도 있어서 전시 첫날 아침 논의를 했습니다. 그 자리에 있던 두 작가의 "소녀상이 상처받는 일은 피하고 싶지만 그렇다고 해서 보는 사람과의 커뮤니케이션을 소홀히 하고 싶지는 않다"라는 말을 듣고 위와 같은 방법으로 전시를 결정했습니다. 할머니의 그림자는 사진으로 벽에 붙였습니다.

전시회 때 받은 앙케이트 317통 중 〈소녀상〉 옆에 직접 앉아본 소감을 쓴 글이 압도적으로 많았는데, 특히 20대 관람객들의 글이 눈에 띄었습니다.

소녀상 옆의 빈자리에 앉아 보았습니다. 처음엔 긴장했지만 갑자기 보고 싶은 사람들이 떠올랐습니다. 소녀들에게도 보고 싶은 친구와 가족들이 있었겠죠. (20대)

실제로 옆에 앉아 보니 마음속에 울림이 있었다. 위안부였던 소녀와 나, 한국인과 나…… 다른 듯 보이지만 모두 같은 인간이고 같은 눈높이로 생각했으면 좋겠다는 마음이 찡하게 전해져 왔다. 위안부는 먼 존재가 아니라 나와 같은 한 사람의 소녀라는 사실을 깨달았다. (20대)

어깨를 나란히 하고 앉아 보니 아주 신기한 느낌이 들었습니다. 내 딸이라고 해도 될 만한 소녀가 끌어안고 왔을 가혹한 고통. 그 눈으로 무엇을 보고 있을까 싶어 옆얼굴을 바로 옆에서 보고 있자니 어깨를 안아주고 싶은 충동에 사로잡혀 놀랐습니다. (40대)

마치 소녀가 숨을 쉬고 있는 것 같았고 그 혼을 느꼈습니다. 우리들을 응시하는 듯하여 나의 삶에 질문을 던지고 있는 듯한 기분이 들었습니다. 토크이벤트 때도 조용히 귀를 기울이는 듯……. (60대)

〈소녀상〉에 대해 '위안부'의 이미지를 일면적으로 만들었다고 비판하는 사람도 있습니다. (Q6 참조) 그러나 〈소녀상〉이 끌려갔을 때의 젊은 모습뿐 아니라 할머니가 된 그림자로 그들의 생애를 보여주고 있다는 점에도 주목해 주었으면 좋겠습니다.


## 〈소녀상〉은 '반일'의 상징인가

〈소녀상〉은, 두 작가의 자료에 따르면, 한국 27곳, 미국 2곳, 캐나다 1곳에 설치되어 있습니다. (2016년 1월 현재. 뒷면지의 〈평화의 소녀상(평화비) 건립 지도〉 참조) 각지의 시민 및 단체가 모금을 하고 토론을 거쳐 제작했다고 합니다. 그렇기에 더욱 〈소녀상〉은 각 지역마다 다채로운 모습을 띠고 있습니다.

예를 들어 거제도의 〈소녀상〉은 일본에서 헌법을 바꾸려는 움직임과 한국 교과서의 '위안부' 관련 기술이 개악되는 현 상황을 앞에 두고 가만히 앉아 있을 수만은 없다며 일어서 있고, 김학순 할머니가 모델이 된 고양시의 〈소녀상〉은 일본대사관 앞의 〈소녀상〉과는 반대로 할머니의 모습을 한 조각에 소녀의 그림자가 드리워져 있습니다. 이화여대 앞

김학순 할머니를 모델로 만든 상(경기도 고양시)

이화여자대학교 앞

거제도

길의 〈소녀상〉은 '평화의 나비'라는 학생 동아리가 모금운동을 해서 만들었는데, 학생들의 요청으로 나비의 날개가 달려 있습니다.

일본의 보수 언론들은 〈소녀상〉을 '반일'의 상징이라고 공격합니다. 그런데 정말 '반일'의 상징일까요? 〈소녀상〉에 새겨진 세부적인 형상과 그 의미를 알면 알수록 일본 정부뿐 아니라 한국 정부 및 사회, 그리고 〈소녀상〉을 보는 모든 사람들에게 물음을 던지고 있는 작품이라는 생각이 듭니다. 실제로 이번 일본의 〈표현의 부자유전〉 전시회 때 관람객들은 바로 이 부분을 느끼고 또 소감으로 남겼다고 할 수 있습니다. 보는 사람과의 의사소통, 피해자 여성들의 치유를 위해 만들었다는 이 작품이 일본에 살고 있는 사람들과 교류할 수 있었던 이번 전시회는 작지만 뜻깊은 한 걸음이었다고 생각합니다.

"〈소녀상〉이 일본대사관 앞에 있어서 불쾌하다고 하는 사람들은 왜 '불쾌'한지, 이 점을 생각해 보길 바란다"라고 하는 김운성의 말이 가슴에 남습니다.

김복동 할머니

**피해 여성들은?**

한편 '위안부' 피해 여성들 중에는 〈소녀상〉을 '자신의 분신'과 같이 여기는 분들도 계십니다. 2013년 7월 미국 캘리포니아주 그렌데일의 〈소녀상〉 제막식에 참석한 김복동 할머니가 한국에 돌아와

서 다음과 같이 말했다고 합니다.[4]

소녀상과 헤어질 때 내 분신을 두고 돌아오는 듯한 느낌이 들어 슬퍼서 어쩔 줄 몰랐다. 몸이 찢기는 것 같아 말로 표현할 수 없는 기분. 외국에 가는 건 힘들지만 '평화의 비'가 세워진다면 언제든지 날아가고 싶다.

2015년 말 한일 '합의' 발표 후 이용수 할머니는 "〈소녀상〉을 찾아갈 때면 얼마나 위로가 됐는지 모른다"며 "일본이 사죄한 뒤에, 추운 곳에 맨발로 앉아 있는 소녀상에 신발을 신길 것"이라고 말했습니다.[5]

그리고 올해 2016년 1월 26일, 한일 '합의' 후 처음으로 증언을 위해 일본을 방문한 이옥선 할머니와 강일출 할머니는 이 '합의'에 대해 "우리들을 무시한 '합의'는 받아들일 수 없다. 우선 피해자를 만나서 내용을 설명해야 한다"(이옥선 할머니), "우리들이 이렇게 살아 있는데 〈소녀상〉을 철거한다니…… 〈소녀상〉을 철거한다는 건 우리들을 죽이는 것과 마찬가지입니다"(강일출 할머니)라고 했습니다.[6]

이용수 할머니는 이런 말도 남겼습니다.

---

4  일본군 '위안부' 문제해결 전국행동공동대표 양징자 씨와의 인터뷰.
5  「울먹이는 위안부 피해 할머니 "협상 인정 못 한다"」, CBS 노컷뉴스, 2015. 12. 28.
   http://www.nocutnews.co.kr/news/4524406(최종 열람 2016. 2. 27)
6  岡本有佳, 「被害者の声を無視」, 『週刊金曜日』 1074号(2016. 2. 5) 참조.

〈소녀상〉은 동경 한복판에 세워놓고 (일본인들이) 오며가며 사과해도 시원치 않을 텐데, 한국에 세워놓은 것도 옮기라고 하고 있다.[7]

한일 '합의'는 역사교육에 대해 언급하지 않았을 뿐더러 〈평화의 소녀상〉의 철거 및 이전까지 시사하고 있습니다. '평화의 소녀'가 왜 그곳에 계속 앉아 있는지 우리들은 그 의미를 다시 한 번 생각해야 합니다. 철거가 아니라 오히려 일본에도 이러한 모뉴먼트가 필요하지는 않을까요. 일본의 가해 역사를 망각하지 않고 계속 기억해 나가는 것, 이것이야말로 다시는 같은 잘못을 되풀이하지 않기 위한 미래에 대한 책임이라 생각합니다.

**참고문헌**

日本軍「慰安婦」問題webサイト制作委員会 編, 岡本有佳・金富子 責任編集, 『〈平和の少女像〉はなぜ座り続けるのか』, 世織書房, 2016.

北原恵, 「ハルモニ達とともに、日本大使館を見つめ続ける：ソウル「平和の碑」慰安婦像の制作者に聞く」, 『インパクション』185号, インパクト出版会, 2012.

古川美佳, 「苦痛を分かち、希望をつむぐ―日本軍「慰安婦」と朝鮮の少女たち…」展, 『女たちの21世紀』75号, アジア女性資料センター, 2013.

7  주5와 같음.

# 피해 여성들은
# 국민기금을 왜
# 받아들이지 않았는가?

●
양
징
자

1993년 8월 일본 정부는 고노 담화를 발표하고 "사과와 반성의 마음"을 표명하며 그 "마음을 표현할 방식"을 검토하겠다고 했습니다. "검토"의 윤곽은 1994년 6월에 출범한 자민당/사회당 연립정권 때[1] 드러났습니다. 같은 해 8월 무라야마 도미이치 총리가 '위안부' 문제에 대해 "폭넓은 국민 참가의 길"을 탐구하겠다고 말함으로써 일본 정부가 민간기금을 통한 해결안을 검토하고 있다는 사실이 알려졌습니다. 이 안에 대해 많은 피해자들이 반대의사를 표명했음에도 불구하고 1995년 7월 19일 '여성을 위한 아시아평화국민기금'(이하, 국민기금)이 발족되었습니다.

---

[1] 정확히 말하자면 1994년 6월 30일부터 1998년 6월까지의 자유민주당과 일본사회당(현 사회민주당), 신당 사키가케의 연립정권.

국민기금은 "도의적 책임"을 지기 위한 "쓰구나이(償い) 사업"으로서 ① 국민기금을 원천으로 하는 "쓰구나이(償い)금" 지급, ② 총리의 "사과 편지" 전달, ③ 정부자금으로 의료복지 지원사업 등을 하고 나서 2007년 3월에 해산했습니다. ('쓰구나이'에 대해서는 Q18 참조)

**지원자의 증언을 통해 본 피해 여성들의 반발**

피해자들은 사실 인정, 공식 사죄, 국가배상과 국가의 책임을 명확히 밝힐 것을 요구했습니다. 하지만 일본 정부는 "법적으로는 해결되었다"라는 입장을 견지하면서 피해 사실은 인정하지만 "쓰구나이(償い)금"은 국민의 기금으로 지불할 것이며 이 돈을 받는 피해자들에게만 총리의 편지를 건네겠다는, '조건부 사죄'를 제시했기 때문에 피해자들의 반발을 산 것입니다.

'관부재판[2]을 지원하는 모임'의 일원인 하나부사 에미코는 일본 정부의 '민간기금 구상'이 처음으로 『아사히신문』 1면에 실린 1994년 8월 19일 아침의 일을 다음과 같이 회상했습니다.

---

2 〈부산종군위안부·여자근로정신대공식사죄등청구소송〉의 약칭으로, 1992년 12월 이후 세 차례에 걸쳐 부산 등지의 일본군 '위안부' 피해자 및 여자근로정신대 피해자 총 10명이 일본국의 공식 사죄와 배상을 요구하며 야마구치 지방재판소 시모노세키 지부에 제소한 재판이다. 1998년 4월 '위안부' 원고에 대해 1심에서는 승소판결이 나왔지만 히로시마 고등재판소에서 패소, 2003년 3월 최고재판소(한국의 대법원)에서 상고기각되어 패소가 확정되었다.

'위안부' 원고 이순덕 할머니가 (…) 본인 심문 사전 미팅을 위해 전날부터 우리 집에 묵고 있었습니다. 아침식사를 먹으면서 내가 신문을 보여주며 "아, 일본 정부는 이런 생각을 하고 있었나보네요"라고 하자, 할머니들과 함께 한국에서 온 광주 유족회의 이금주 씨가 한국어로 통역해 주었습니다. 그러자 이야기를 듣고 있던 이순덕 할머니 얼굴이 새빨개지면서 화를 내며 "난 거지가 아니다! 여기저기서 모은

이순덕 할머니

동정금은 필요 없어!"(일본어로 : 번역자 주)라고 했습니다. 그 말을 듣고 (…) 왜 할머니는 이렇게까지 화를 내는 걸까. 그때 우리에게는 아무런 선입관도 없었고 할머니에게도 아무런 정보가 없었으며 우리들 자신도 전혀 몰랐습니다 (…) 그때까지 1년 반 동안 할머니는 일본을 왔다갔다 했는데 일본어를 할 줄 안다는 사실을 전혀 몰랐습니다. 그런 이순덕 할머니가 일본어로 말했다는 건 우리 들으라고 한 것이니 여러 가지 의미에서 충격을 받았습니다.[3]

그 후 관부재판을 지원하는 모임 회원들 사이에서 "피해자가 이런 이야기를 한다, 이건 피해자에게 엄청난 모욕이다"라는 의견과 "무라

---

3  志水紀代子·山下英愛 編,『シンポジウムの記録「慰安婦」問題の解決に向けて―開かれた議論のために』, 白澤社, 2012, 39쪽

야마가 총리니까 가능한 일이다, 지금밖에 없다"라는 의견으로 나뉘어 몇 번이나 비슷한 언쟁이 벌어지곤 했다고 합니다. 국민기금 관계자들 중에는 운동단체가 피해자들에게 받지 말라는 압력을 가했다고 말하는 사람도 있습니다. 하지만 위 문장을 보면 피해자 본인의 강한 반대의사에 오히려 운동단체 쪽이 충격을 받았다는 것을 잘 알 수 있습니다.

**송신도 할머니가 처음 한 말 : "난 반대야"**

이순덕 할머니가 보고 화를 낸 1994년 8월 19일자 『아사히신문』에 일본에 사는 유일한 '위안부' 피해자로 일본 정부를 상대로 재판을 하고 있던 송신도 할머니의 코멘트가 게재되었습니다. 이 코멘트는 〈재일조선인 위안부 재판을 지원하는 모임〉의 일원이었던 필자가 직접 할머니에게 전화를 걸어 들은 내용입니다. 그때 필자도 할머니가 어떤 반응을 보일

송신도 할머니

지 전혀 예측하지 못한 채, 그리고 필자 스스로도 민간기금 구상을 어떻게 평가해야 할지 전혀 생각하지 못한 채, 할머니에게 그 내용을 담담히 전화로 알려드렸습니다. 조용히 듣고 있던 할머니가 가장 먼저 한 말이 "난 반대야", "국민한테 돈을 뜯는 게 아니라 정부가 해야 돼."

였습니다. 그 말을 듣고 필자도 하나부사 에미코와 마찬가지로 "그런가. 반대하시는구나"라고 놀랐던 기억이 지금도 생생합니다.[4]

그리고 나서 얼마 후 피해자들의 의사를 확인하기 위해 열린 〈민간기금, '위안부'들은 납득하는가?!〉라는 집회에 참석하기 위해 일본을 방문한 '위안부' 피해자들은 모두 굉장히 분노하며 반대의사를 표명했습니다. 강덕경 할머니는 "국민모금을 모은 '위로금'을 받을 정도라면 이대로 죽는 게 낫다. 내가 죽어도 여기 있는 젊은이들이 내 뜻을 이어줄 것이다"라고 발언하여 충격을 주었습니다.[5]

## 피해 여성의 갈등과 고통

그 후 피해자들은 여러 의미에서 상처받았습니다. 경제적 형편 때문에

---

4  그날 송신도 할머니는 다음과 같은 말을 남겼다. "난 반대야. 그럴 거면 조용히 그만두는 게 나아. 위로금이라고 주는 돈을 받으면 나중에 무슨 말을 들을지 몰라. 날 또 업신여기겠지. 어쨌든 국민한테 돈을 뜯는 게 아니라 정부가 해야 돼. 대단치도 않은 돈 내밀면서 위로금이다 어쩐다 하는데 누가 받을 수 있겠어. 날 업신여긴다 해도 난 내 머리로 살고 있어. 정말 성의가 있다면 돈을 주든 사죄를 하든 제대로 하지 않으면 제대로 사죄하지 않고 대충 하면 난 절대 받을 수 없어. 본인이 납득할 수 있도록 하지 않으면 안 돼. 그건 일본 정부가 정말 예산이 없으니까 이것밖에 못한다고, 사죄든 보상이든 이 이상을 어떻게 해도 힘들다고, 이걸로 봐 달라고, 지금 일본 나라는 경기도 안 좋고 이거저거 형편이 힘들다고, 제대로 사죄할 테니 용서해 달라고 한다면 어쩔 수 없지. 단지 다시는 전쟁을 일으키지 않겠다고, 이 말만 하면 감개무량하겠지. 속이 뻔히 보이는 돈 받고는 그런 거지 뭐 하면서 눈물 흘리느니 돈 안 받고 더 열심히 하는 게 훨씬 낫지."
5  이때 일본을 방문한 강덕경 할머니, 김순덕 할머니 등 피해자들끼리 국민기금에 대해 이야기를 나누는 모습이 도이 도시쿠니 감독의 다큐멘터리 〈"기억"과 산다("記憶"と生きる)〉(2015)에 기록되었다.

다큐멘터리 〈기억과 산다〉 포스터.
포스터 속 사진은 강덕경 할머니(촬영 : 안세홍)

그 돈을 받아야만 하는 사람이 있는가 하면, 받아서는 안 된다는 사람도 있었고, 또 주위 사람들에게 받아라, 받지 말아라 등의 말을 들으면서 피해자들은 고통스러워했습니다. 피해자들이 그렇게까지 굴욕적이라고 호소한 국민기금을 저지하지 못하고 그 후의 혼란 속에서 그들을 더욱 힘들게 한 것에 대해, 지원자의 한 사람으로서 필자도 책임감을 느끼지 않을 수 없었습니다.

그러나 국민기금이 발족되기 전부터 피해자들이 일본에 와서 직접 반대의사를 호소했음에도 불구하고 이들의 목소리에 귀를 기울이지 않고 "일본 정부로서는 이 이상은 무리다"라는 판단하에 "국민의 모금을 모아 전달한다"라는 방법을 관철한 국민기금이 근본적 원인을 제공했다고 할 수 있지 않겠습니까? 결국 국민기금에 돈을 낸 사람들의 성의까지 상처를 입힌 결과를 초래하고 말았습니다.

앞서 소개한 하나부사 에미코는, 유족회 소송[6]의 원고였던 이귀분 할머니가 1996년 8월 국민기금 사무실을 찾아가 직접 항의하기 위해 일본에 왔을 때, 후쿠오카의 자기 집에서 한국에 있는 다른 할머니들에게 전화를 걸어 "너희들 기금 받으면 죽어버린다"라고 말했다는 이야기를, 이순덕 할머니 이야기를 담은 책에서 함께 소개하고 있습니다. 국민기금 사무실에 가서 격렬하게 항의하는 한편, 돈을 받아야만 하는 할머니들의 사정을 누구보다도 잘 알고 있으면서도 절대 받지 말라고 말해야 하는 상황이 이귀분 할머니에게 얼마나 고통스러우면, "(죽여버린다는 말이-번역자 주) 부메랑이 되어 할머니에게 되돌아와 상처를 받고 있었다"라고, 하나부사 에미코는 당시의 일을 떠올렸습니다.[7]

할머니들이 본인의 의사로 반대한 것이 아니다, 운동단체의 압력에 굴복했다, 등의 말은 스스로의 판단력과 의사를 지닌 피해자들에 대한 또 하나의 모욕입니다.

왜 피해자 모두가 기쁜 마음으로 받아들일 수 있는 방법을 끝까지 추구하지 못했을까, 왜 피해자들이 "일본의 사정"을 이해해주길 기대했을까, 우리가 진지하게 생각하고 답을 찾아야 하는 것은 바로 이러한 근본적 물음이 아닐까요?

국민기금의 이사였던 와다 하루키는 "한국에서는 60명, 타이완에서는 13명의 피해자가 기금사업을 받아들였을 뿐, 인정등록피해자의 3분의 2는 받지 않았다. 아시아여성기금의 사업은 한국, 타이완에서는 실

---

6  아시아·태평양전쟁 한국인희생자보상청구소송의 약칭으로, 1991년 12월에 제소된 재판이다. 처음으로 본명으로 제소한 김학순 할머니가 원고의 한 사람이기도 하여 화제가 되었지만 2004년 11월에 패소가 확정되었다. 이후 일본에서 유족회 소송을 지원했던 단체는 국민기금을 추진했다.
7  志水紀代子·山下英愛 編, 앞의 책, 42~44쪽.

패한 사업이었다"라고 하며, 원인은 "국민기금으로 '쓰구나이(償い)금'을 지불한다는 기금의 기본 컨셉에 있었다"라고 했습니다.[8]

일본 정부는 다시 한 번 피해자들이 바라는, 진정한 해결책을 강구해야 합니다.

---

8  2015년 4월 23일 〈아베 수상 방미 전 긴급 심포지엄 : '위안부' 문제 해결은 가능하다〉에서의 발언.

# 한국 정부는
# 미군 '위안부'에
# 관여했는가?

●

양
징
자

미군 '위안부'는 미군의 적극적인 지지와 협력하에 한국 정부가 설치하
고 장려했다는 사실을 한국의 여성단체 및 연구자, 피해 당사자들이
밝혀냈습니다.

**'위안부'라는 용어**

그 내용을 자세히 살펴보기 전에 우선 '위안부'라는 용어에 대해 알아
보겠습니다. '위안부'란, 원래 일본군이 처음 사용한 용어로 말 그대로
군인을 '위안'하는 여성을 가리킵니다. 여성을 군인의 성의 배출구와 전
쟁 수행의 도구로 삼는, 여성의 인권에 대한 일말의 고려도 없는, 너무
나도 오만방자하고 일방적인 명칭이라 할 수 있습니다.

일본에서는 패전 직후 정부의 지시로 '특수위안시설협회(RAA)'가 설립되었고 점령군을 위한 '위안소'가 설치되었습니다. 그러나 1946년 3월에 폐쇄된 후에는 '위안부'와 '위안소'라는 말은 사용하지 않게 되었습니다. 그런데 한국에서는 한국전쟁 때 '특수위안대'라는 이름의 한국군 '위안소'가 설치되었고 휴전 후에는 미군기지 주변에서 미군의 매춘에 이용되는 여성들이 '위안부'라 불리게 되었습니다.

단, 이 용어는 공문서상의 명칭이고, 일반적으로는 1990년대 들어 일본군 '위안부' 문제가 공론화되기 전까지는 '위안부'라는 단어가 일반 사람들에게 널리 알려지지는 않았습니다. 일본군 '위안부'는 '정신대'로, 미군 '위안부'는 '양공주' 등으로 불렸고, 한국군 '위안부'에 대해서는 존재 자체가 그다지 알려지지 않았기 때문입니다.

군산의 아메리카 타운
(촬영 : 김부자)

## 한국군 '위안부' 제도를 고안 및 설치한 자들은 일본군 출신 경험자들

그렇다면 왜 해방 후 한국에서 '위안부'라는 용어가 공문서에 사용되었을까요? 그것은 당시 한국군 간부에 "일본 육군사관학교 출신자들이 대거 등용되었고 만주국군 출신자들이 뒤를 이었다"[1]는 사실과 관련됩니다. 한국전쟁 때의 한국군 '위안부'에 대해 선구적인 연구를 발표한 김귀옥은 "한국군 '위안부' 제도에 관여한 인물들을 보면 일본통치기에 일본군 '위안부' 제도를 경험했던 한국군 장교들의 모습이 떠오른다"라고 하며 이 제도를 고안 및 설치한 사람들이 일본군 출신들임을 밝혔습니다.[2]

한국전쟁 때에는 한국군을 위한 '위안소'뿐 아니라 유엔군(미군)을 위한 '위안소'도 운영되었습니다. 그리고 휴전 후에도 "서울 시내 곳곳에 흩어져 있던 사창과 '양공주'들을 일정 지역에 모아 통제하려고 했던 한국 정부의 관심과, 효율적인 전투력 향상을 위한 안전한 섹스와 성병 방지대책을 고민하던 미국 측의 이익이 일치"[3]하여 미군 '위안부' 제도로 바뀌어 갔습니다.

---

1　金貴玉, 「日本軍『慰安婦』制度が朝鮮戦争期の韓国軍「慰安婦」制度に及ぼした影響と課題」, 歴史学研究会・日本史研究会 編, 『「慰安婦」問題を/から考える』, 岩波書店, 2014.
2　金貴玉, 앞의 논문, 35~39쪽.
3　李娜榮, 「日本軍『慰安婦』と米軍基地村の『洋公主』: 植民地の遺産と脱植民地の現在性」, 『立命館言語文化研究』23巻2号, 2012.

## 본격화되는 '위안부' 제도

미군 '위안부'라는 용어가 한국의 공문서에 정확히 등장하는 것은 1957년 2월 28일에 제정, 시행된 '전염병예방법시행령'[4] 때였습니다. 1957년은 한국과 미국이 함께 설치한 성병 대책위원회가 '위안부'를 일정 지역에 집결시킬 것을 결정한 해입니다. 동시에 일본에서는 매춘방지법이 시행된 해이기도 합니다. 한국 정부는 미군 '위안부' 여성에게 계몽교육[5]을 실시하고 일본으로 향하는 미군의 매춘 수요를 한국 국내로 불러들이고자 했습니다.

그러나 뭐니뭐니해도 미군 '위안부' 제도가 본격적으로 체계화되고 여성들에 대한 인권 침해가 극에 달한 것은 박정희 정권 때였습니다. 쿠데타로 정권을 장악한 박정희 정권은 명분 없는 불안정한 정권을 유지하기 위해 미국의 지지와 미군 주둔을 필수조건으로 생각하고 있었습니다. 그래서 '윤락행위등방지법'(1961)을 제정하여 매춘을 단속하는 한편, '관광사업진흥법'(1961)을 제정하고 이듬해에는 윤락지역(적선지대)을 설정(1962)하는 등, 미군에게 '안전한 성적 위안'을 제공하고자 재

---

4  '전염병예방법시행령'(1957년 2월 28일)은 다음과 같이 규정하고 있다. "(전략) 전항에 규정된 자는 다음에 의하여 특별시장 또는 도지사가 지정하는 성병진료기관에서 건강진단을 받아야 한다. ① 접객부, 기타 접객을 업으로 하는 부녀(접대부, 작부 등), 2주 1회, ② 땐사, 유흥업체의 녀급 또는 이와 유사한 업에 종사하는 자, 1주 1회, ③ 위안부 또는 매음행위를 하는 자, 1주 2회, ④ 성병을 전염시키거나 또는 전염될 우려가 있는 자, 수시."

5  각지의 경찰간부들이 직접 개입하여 조직하고 관리, 실행하는 방식인데, 주 내용은 성병 예방과 미군을 상대할 때 갖춰야 할 올바른 태도에 관한 것이었다(李娜榮, 앞의 논문).

빨리 움직였습니다.

미군의 '위안부'가 된 여성들은 철저한 등록제하에서 '애국' 교육을 받고 성병 정기검사를 받아야 했는데, 감염이 의심될 경우 "낙검(落檢)자 수용소"에 감금되기도 했습니다. 닉슨 독트린(1969)으로 주한미군 2만 명 축소가 결정되자, 박정희 정권은 철수하는 미군을 붙잡기 위해 막대한 예산을 들여 '기지촌 정화사업'을 실시하고 여성들에 대한 관리와 교육을 한층 강화했습니다. 이 무렵부터 미군 '위안부'는 '특수업태(業態)부'라는 새로운 명칭으로 불리게 되었습니다.


## 진상규명을 위해

이와 같이 타국의 군대로부터 지켜야 하는 '일반 여성'과 그렇지 않은 '위안부'로 여성을 나누고 '위안부' 여성들을 효율적으로 통제하면서 외화 벌이의 수단으로 삼은 한국 정부의 행태에 대해, 한국의 여성들이 계속 침묵하지는 않았습니다.

1986년에 결성된 두레방과 1996년에 결성된 새움터 등 각 운동단체와 연구자, 그리고 피해 당사자들의 노력으로 '기지촌 여성'[6]의 진상이

---

6 행정당국이 '위안부'와 '특수업태부'라는 용어를 사용한 것에 대해, 여성 및 사회운동 측에서는 '기지촌 여성'이라는 용어를 주로 사용해왔다. 기지촌 여성의 자서전으로 김연자, 『아메리카 타운 왕언니 죽기 5분전까지 악을 쓰다』(삼인, 2005)가 있다.

서서히 밝혀졌습니다. 그리고 2012년 8월에 관련 단체, 연구자, 피해 여성들이 '기지촌여성인권연대'를 발족시키고 2014년 6월에는 한국정 부를 상대로 손해배상소송을 일으켰습니다.[7]

여기서 특히 주목해야 할 것은 일본군 '위안부' 문제 해결운동을 하 던 한국정신대문제대책협의회도 '기지촌여성인권연대' 발족에 참여하 여 현재 진행되고 있는 미군 '위안부' 소송도 함께 지원하고 있다는 사 실입니다. 일본에서는 미군 '위안부' 소송에 대해 "반일의 부메랑"이라 고 하지만, 정대협을 비롯한 한국의 여성운동이 "반일"을 위해 일본군 '위안부' 문제에 힘써온 것은 아니라는 사실을, 바로 이 미군 '위안부' 소송의 사례를 통해 확인할 수 있습니다.

미군 '위안부' 문제가 이렇게 한국에서 소송으로까지 발전할 수 있었 던 것에 비해, 한국전쟁 때의 한국군 '위안부'에 대해서는 해명되지 않 은 부분이 아직 많이 남아 있습니다. 김귀옥은 본인이 2002년에 한국 군 '위안부'에 대한 연구를 발표한 이후 관련 연구가 진전되지 못하고 있는 "가장 큰 이유는 한국군 위안부 스스로가 목소리를 내지 않고 있 기 때문"[8]이라고 지적합니다.

군대로 인한 여성 성폭력을 근절하기 위한 투쟁은 일본군 '위안부' 피

---

7  소송명은 '한국내기지촌미군위안부국가손해배상청구소송'인데 이 소송의 원고들은 "미군 위안 부"라는 용어가 "너무 싫어 미치겠다"라고 한다. 그러나 공문서에 쓰인 명칭이 "미군 위안부"인 이상, 소송은 "미군 위안부"가 되어야 한다는 생각으로 이름을 정했다고 한다. (필자 인터뷰)

8  김정자 증언, 김현선 엮음, 새움터 기획, 『미군 위안부 기지촌의 숨겨진 진실 : 미군 위안부 기지촌 여성의 최초의 증언록』, 한울, 2013. 김귀옥 해제 참조.

해자, 미군 '위안부' 피해자들이 스스로의 목소리를 냄으로써 크게 진전되어 왔습니다. 이들의 목소리에 가해국이 응답하고 책임을 다함으로써 전 세계에 모범을 보이고 여성들에 대한 폭력 근절을 위해 공헌하라는 요구에 일본 정부도 한국 정부도 귀를 기울여야 할 것입니다.

# 헤이트 스피치와
# 식민지 지배와의
# 관계는?

●

이
타
가
키

류
타

최근 '헤이트 스피치(Hate Speech)' 문제에 대해 논의할 기회가 많아졌습
니다. 재일조선인에게 공공연히 "죽이자", "일본에서 내쫓자"라고 외치
는 배외주의자 집단이 나타나는 등 사회적으로 큰 문제가 되었습니다.
일본 정부는 유엔의 인권 관련 기관으로부터 대책을 강구하라는 요구
를 계속 받고 있습니다만, 규제에 대해서는 소극적 자세로 일관하고 있
습니다.[1] 여러 가지 관점으로 논의할 수 있는 문제지만, 이 글에서는 역
사적 관점으로써 '헤이트 스피치'와 그 기초를 이루는 인종차별(피부색

---

1  사회권규약위원회(2013), 자유권규약위원회(2014), 인권차별철폐위원회(2014)에서 제시된 견
   해에서는 다양한 형태의 인종차별적 표현뿐 아니라 일본군 '위안부' 제도의 피해 당사자에 대한
   중상비방이나 부정도 '헤이트 스피치' 문제의 하나로 함께 지적하고 있다. 각 견해는 Fight for
   Justice ブックレット I 『「慰安婦」・強制・性奴隷 あなたの疑問に答えます』(お茶の水書房,
   2014, 146~148쪽)에 수록되어 있다.

등 외형적인 면뿐 아니라 민족이나 출신국 등을 이유로 하는 차별까지 포함하는 개념)과 식민지 지배와의 관계에 대해 생각해 보기로 하겠습니다.


**헤이트 스피치의 무서움 : 증오의 피라미드**


우선 '증오의 피라미드'라고 불리는 다음 그림을 봐주시기 바랍니다. 미국의 유대인 단체가 반인종차별 교재로 보급하는 그림입니다. 이 그림

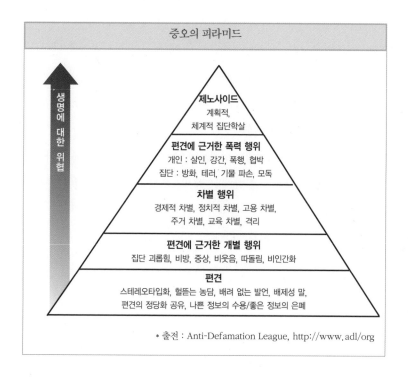

증오의 피라미드

생명에 대한 위협

제노사이드
계획적,
체계적 집단학살

편견에 근거한 폭력 행위
개인 : 살인, 강간, 폭행, 협박
집단 : 방화, 테러, 기물 파손, 모독

차별 행위
경제적 차별, 정치적 차별, 고용 차별,
주거 차별, 교육 차별, 격리

편견에 근거한 개별 행위
집단 괴롭힘, 비방, 중상, 비웃음, 따돌림, 비인간화

편견
스테레오타입화, 헐뜯는 농담, 배려 없는 발언, 배제성 말,
편견의 정당화 공유, 나쁜 정보의 수용/좋은 정보의 은폐

* 출전 : Anti-Defamation League, http://www.adl/org

은 피라미드의 모든 층에서 편견에 근거한 행위를 보여주고 있는데, 한 층 위로 올라갈수록 생명을 위협하는 정도가 심해지고, 위층의 행위는 아래층의 인식 및 행위를 발판 삼고 있음을 잘 나타내고 있습니다. 이 피라미드가 무서운 것은 대수롭지 않다고 생각하는 편견에서 집단 학살까지가 하나의 흐름으로 이어지는 문제로 그려져 있기 때문입니다.

앞의 그림은 원래 독일의 유대인 박해와 대량학살(이른바 홀로코스트)의 역사에 기초하여 작성된 것입니다. 제1차 세계대전 패전 후 독일에서는 유대인을 '해악', '적', '배제해야 할 사람들'로 간주하는 사상과 언론이 확대되고 각지에서 차별사건과 폭력사건이 횡행했습니다. 그리고 법적으로도 유대인들의 시민적 권리가 박탈되고 결국에는 대량 살육으로까지 이르렀습니다. 제2차 세계대전 후에 독일의 전쟁범죄를 다룬 뉘른베르크 재판에서는 전쟁 중뿐만 아니라 전쟁을 하지 않는 평시의 민간인에 대한 조직적 잔학행위도 '인도에 대한 범죄'라는 개념으로서 전쟁범죄로 규정되었고, '유엔헌장'(1945)과 '세계인권선언'(1948)에서 반인종차별이 명기되었으며, '제노사이드조약'(1948)도 제정되었습니다. 모두 인종차별이 이렇게까지 막대한 희생을 낳는다는 것에 대한 반성의 결과였습니다.[2] 인종차별의 엄청난 피해는 전후 위와 같은 반인종차별의 국제적 규범을 탄생시켰습니다.

---

2 아직 익숙지 않은 용어였던 '제노사이드'라는 말이 도입되었을 당시, 독일의 유대인 학살과 더불어 중요한 근거가 되었던 또 하나의 사례는 제1차 세계대전 때의 오스만 제국에 의한 아르메니아인 학살이었다.

## 식민지주의에 근거한 인종차별

군이 말하지 않아도 모두 알고 있겠지만, 서양의 마이너리티 집단만이 인종차별의 피해를 입은 것은 아닙니다. 이 책의 Q23에 쓰여 있듯, 특정 민족이나 인종 집단을 같은 사람으로 취급하지 않거나 열등한 존재로 보는 가해/피해 관계가 있었기 때문에 노예제와 식민지 지배가 가능했고 집단학살이 자행되기도 했습니다. 그리고 이 과정에서 형성된 비대칭적 관계성이 노예제가 철폐된 후 혹은 식민지 지배가 끝난 후에도 인종차별이라는 형태로 계속 남은 것입니다.

제2차 세계대전이 끝난 지 얼마 되지 않았을 무렵, 정치철학자 한나 아렌트[3]는 전체주의(나치스 독일과 같은 정치체제의 총칭)의 원천의 하나로 인종차별과 관료제가 결합된 식민지 지배를 꼽았고, 작가이자 정치가인 에메 세제르[4]는 이미 나치즘 이전부터 비유럽인에 대해서는 "인도에 대한 죄"와 같은 행위가 자행되지 않았느냐고 물었습니다. 두 사람 모두 인종차별은 식민지 지배라는 상황에서 더욱 가혹한 형태로 나타난다는 점을 시사하고 있습니다.

---

3  한나 아렌트, 『전체주의의 기원 2』, 한길사, 2006.
4  エメ·セゼール, 『帰郷ノート·植民地主義論』, 平凡社ライブラリー, 2004, 137쪽. 원문은 1950년 간행. 한국어판으로는 『식민주의에 대한 담론』(에메 세제르 선집 1), 『귀향수첩』(선집 2), 그린비, 2011.

때로는 사람을 죽음에 이르게 할 수도 있는 '헤이트 스피치'와 식민지 지배와의 관계를 잘 보여주는 두 가지 사례를 들어 보겠습니다.

우선 식민지 지배하의 '헤이트 스피치'로 인한 학살의 사례로, 우리들이 가장 먼저 떠올려야 할 사례는 바로 간토대진재(1923) 때의 조선인 학살사건입니다.[5] 그 전에 이미 3·1운동(1919)을 비롯한 독립운동에 적의를 품고 있었던 관헌 및 일본인들이 조선인을 '불령선인'(반항적이고 규칙을 지키지 않는 조선인이라는 뜻의 차별용어)이라고 부르고 있었습니다. 지진이 일어나자 금세 '불령선인'이 "불을 질렀다", "우물에 독약을 넣었다", "쳐들어온다" 등의 유언비어가 각지로 퍼져나갔습니다. (자료 참조) 이윽고 계엄령이 시행되고 군사경계가 삼엄한 가운데 각지에서 조직된 자경단이 수천 명의 조선인을 살해했습니다. 이 학살사건에 대해서 일본 정부는 지금껏 진상규명을 하지 않고 있지만, 재일조선인 사회는 어제 일처럼 생생히 기억하고 계속 기록해 왔습니다. 바로 이러한 역사적 경험이 있기 때문에 오늘날 인터넷 상의 글쓰기를 포함한 '헤이트 스피치'는 단순한 언론행위(스피치)를 넘어 실제로 생명을 위협할 수도 있게 된 것입니다.

그리고 과거 식민지 지배하에서 형성된 집단 간의 관계를 바탕으로

---

5  강덕상, 『학살의 기억 : 관동대지진』, 역사비평사, 2005. 山田昭次, 『関東大震災時の朝鮮人虐殺』, 創史社, 2003. 山田昭次, 『関東大震災時の朝鮮人虐殺とその後』, 創史社, 2011.

[자료] 신문도 조선인 '습격' 소문을 부채질했다. 위의 자료는 모두 1923년 9월의 일본 신문의 기사 제목으로, 오른쪽부터 『報知新聞』『時事新報』『東京日日新聞』『上毛新聞』『下野新聞』이다.

현대의 '헤이트 스피치'가 하나의 도화선이 되어 대량학살이 자행된 사례로, 르완다의 제노사이드(1994)를 들 수 있습니다. 1994년에 대통령이 타고 있던 비행기가 습격받은 사건을 계기로, 소수파 투치인들에 대한 다수파 후투인들의 증오와 공격이 급속도로 확대되었습니다. 그때 라디오 등 언론과 지방의 지도자들이 투치인들을 "적", "침략자"라고 하며 "바퀴벌레", "죽이자", "뿌리를 뽑자" 등을 외치면서 증오와 공격을 부채질했고, 이것이 일반 민중들의 대량학살로 이어져 100일도 채 안 되는 기간 동안 50만 명 이상이 희생되었습니다.[6] 여기서 중요한 것은 원래 후투와 투치를 엄격히 구별 짓고 두 민족을 차별 대우한 것은

---

6 Allan Thompson ed., *The Media and the Rwanda Genocide*, Pluto Press, 2007. 르완다 국제법정에서는 언론 책임자도 유죄판결을 받았다.

벨기에 식민지통치기구였다는 사실입니다. 식민지 정부는 비교적 백인에 가까운 인종이라 판단한 투치인들을 우대하고 신분증 제도를 통해 명시적으로 민족을 구별함으로써 체제를 유지하려 했습니다. 식민지 말기에 다수파인 후투인들이 사회혁명을 통해 권력을 장악하면서 수많은 투치인들이 공격당하고 르완다를 떠나야 했습니다. 이때도 벨기에 행정당국이 보이지 않는 곳에서 두 민족 간의 대립, 갈등을 유도했습니다.[7] 이렇듯 현대의 분쟁과 제노사이드의 씨앗은 식민지 때 이미 뿌려진 것입니다.

## 반인종차별과 반식민지주의

이러한 식민지 지배와 인종차별과의 관계를 염두에 두고 앞서 말한 전후의 반인종차별에 대한 국제적 규범을 다시 한 번 생각해 보면, 홀로코스트뿐 아니라 식민지 지배에 대한 문제의식도 함께 담겨져 있음을 알 수 있습니다. 세계인권선언의 초안 작성 과정에는 이제 막 독립한 구 식민지 출신자들이 활약했고, 소련은 반제국주의의 관점에서 식민지 주민에 대한 인권보장을 주장하기도 했습니다.[8] '제노사이드'라는

---

7  武内進一, 『現代アフリカの紛争と国家』, 明石書店, 2009.
8  前田朗, 『ヘイト・スピーチ法研究序説』, 三一書房, 2015, 405~424쪽. Johannes Morsink, The Universal Declaration of Human Rights, University of Pennsylvania Press, 2000, pp. 92-109.

말의 창시자인 라파엘 렘킨은 독일의 헤레로인 학살(Q23)과 벨기에령 콩고의 잔학행위까지 염두에 두고 이 개념을 만들었습니다.[9] 하지만 제 2차 세계대전 종결 직후에는 아직 서양 중심의 국제사회가 명확히 반식민지주의를 표방하는 상황은 아니었습니다.

반인종차별과 반식민지주의가 확실히 연결된 것은 많은 국가들이 독립하던 1950~1960년대였습니다. 식민지주의는 어떠한 형태든 모두 조건 없이 끝내야 한다고 제창한 '식민지독립부여선언'(1960년 채택)에서는 그 전문(前文)에 인종차별 없는 평화롭고 우호적인 관계를 만들어야 할 필요성을 명기해 놓았습니다. 또한 모든 형태의 인종차별을 근절시켜야 한다고 제창한 '인종차별철폐조약'(1965년 채택) 전문에도 식민지주의 비판의 흐름과 '식민지독립부여선언'에 대해 언급되어 있습니다.

따라서 오늘날의 '헤이트 스피치'와 인종차별 문제는 단순한 새로운 현상이 아니라 전 세계적인 역사적 관점, 특히 식민지주의 역사에 그 뿌리가 있음을 명확히 인지해야 합니다.

---

**참고문헌**

모로오카 야스코 지음, 조승미·이혜진 옮김,『증오하는 입 : 혐오발언이란 무엇인가』, 오월의봄, 2015.

ミシェル・ヴィヴィオルカ,『レイシズムの変貌』, 森千香子訳, 明石書店, 2007.

前田朗,『ヘイト・スピーチ法研究序説』, 三一書房, 2015.

---

9  D. J. Schaller, "Raphael Lemkin's view of European colonial rule in Africa", *Journal of Genocide Research*, 7(4), 2005. 그렇지만 렘킨 본인이 식민지주의 비판자는 아니었다.

Q
___
23

# 일본에게만
# 식민지 지배 책임을
# 묻는다?

●
이
타
가
키

류
타

역사적 책임을 회피하고 싶은 일본 사람들은 과거에 식민지를 가지고 있던 다른 나라는 사죄도 배상도 하지 않는데 왜 유독 일본에게만 그 책임을 묻느냐는 의문을 종종 토로하곤 합니다. 그런데 이 의문은 전제부터 틀렸습니다. 식민지 지배 책임을 추궁받는 것은 일본만이 아니기 때문입니다.

**더반회의의 역사적 의의**

우선 세계적인 규모로 과거의 식민지 지배에 대한 사죄와 배상이 논의된 사례로, 2001년 남아프리카 더반에서 열린 인종차별반대 세계회의, 통칭 '더반회의'에 대해 살펴보겠습니다. [1] 더반회의는 '인종차별철폐조약'(1965년 유엔총회 채택)의 실효성을 확보하기 위해 유엔이 18년 만에 개최한 세 번째 국제회의였습니다. 전 세계 인종차별의 원인, 형태, 예방, 구제 등에 대해 함께 토론하고 행동계획을 세우는 것이 목적이었습니다.

준비단계 때부터 아프리카 각국을 중심으로, 식민지 지배와 노예제[2]는 그 자체가 인종차별 행위이고 현재의 인종차별의 원천이 되었으며 빈곤과 경제적 격차로까지 이어지고

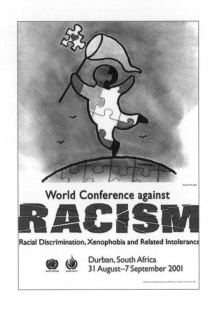

있다는 점 등을 들어 과거 식민지 지배와 노예제 문제를 제기했습니다. 그리고 책임을 저야 할 국가에 대해 사죄와 배상을 요구했습니다. 준비회의에서는 식민지 지배와 노예제를 행한 국가는 피해를 입은 공동체와 개인에게 배상해야 한다는 선언이 등장하기도 했습니다.[3]

그러나 영국, 네덜란드, 스페인, 포르투갈 등 EU 회원국인 구 식민

---

1  정식 명칭은 '인종주의, 인종차별, 외국인 배척 및 관련하는 불관용에 반대하는 세계회의'. 이 회의에 대해서는 『反人種主義・差別撤廃世界会議と日本』(月刊 『部落解放』, 2002년 5월호 증간) 및 참고문헌으로 소개한 두 권의 책을 참조하기 바란다.

2  보다 정확히 설명하면, 사람을 노예로 매매하는 노예 거래와 사람을 소유물로 취급하는 법적, 경제적 시스템으로서의 노예제는 구별되지만, 여기서는 이 둘을 합쳐 '노예제'로 칭하겠다.

3  이타가키 류타, 「탈냉전과 식민지배 책임의 추급」(나카노 도시오・김부자 편저, 『역사와 책임』, 선인, 2008)을 참조하기 바란다.

더반회의, 2001년 개최

지 종주국들은 배상에 대해서도 그리고 배상으로 연결될 수도 있는 사죄에 대해서도 반발했습니다. 결과적으로 최종 채택된 선언문에는 ① 노예제와 식민지 지배가 인종차별의 원천이 되었음을 확인하고, ② 노예제는 '인도에 대한 죄'임을 밝히기는 했지만, 이에 대한 배상도 명확한 사죄도 없고, ③ 식민지 지배에 대해서는 죄로 규정짓는 문장도 없이 "유감"이라고 했을 뿐입니다.

그렇지만 더반회의는 유엔이 주최한 세계회의에서 국가의 범위를 넘어 식민지 지배와 노예제의 책임을 공적으로 논의하고 추궁하고자 했다는 점에서 획기적이라 할 수 있습니다.

## 구 종주국이 식민지 지배 책임을 진 사례

식민지 지배와 노예제에 대한 문제가 더반회의 때 갑자기 제기된 것은 아니었습니다. 특히 냉전구조가 붕괴되는 1990년대에 이르러 이러한 움직임이 활발해졌습니다. 예를 들어 1993년 나이지리아 아부자에서 배상에 관한 범(汎)아프리카 회의가 열렸고 노예제, 식민지 지배 등으로 인한 아프리카 및 아프리카계 주민들의 피해에 대한 배상을 요구하는 선언이 발표되었습니다. 1990년대 이후 다양한 문제 제기가 잇달았는데 이 가운데 몇 가지 중요한 사례를 살펴보겠습니다.

## 영국·케냐의 '마우마우' 재판

우선 직접 피해 당사자가 생존해 있고 구 종주국이 개별 배상을 인정한 사례부터 소개하겠습니다. 1950년대 아프리카 케냐에서는 키쿠유인들을 중심으로 영국으로부터의 독립을 요구하는 무력투쟁이 벌어지고 있었습니다. 이때 영국은 '마우마우'라는 지하조직이 있다고 간주하여 비상사태를 선언하고, 투쟁을 진압하면서 주민들을 강제수용하고 고문을 자행하는 등 가혹한 탄압을 계속했습니다. 2000년대 들어 영국 BBC의 관련 다큐멘터리와 새로운 역사 연구가 진상규명운동을 진척시키자[4] 2009년에 마우마우 활동가였던 다섯 명이 영국 정부를 정식으로 제소했습니다. 영국 정부는 처음에는 재판의 당사자성도 자료도 없

다면서 부정했지만 2011년에 런던에 있는 보관 창고에서 대량의 관련
자료가 발견되면서 흐름이 완전히 바뀌었습니다. 2012년 고등법원은
영국 정부에게 원고에게 배상하라는 판결을 내렸습니다. 2013년 영국
정부는 이 판결을 받아들여 5천 명이 넘는 고문 피해자 개개인에게 배
상금을 지불하기로 결정했습니다.[5]

## 네덜란드 · 인도네시아의 라와그데 재판

인도네시아는 제2차 세계대전 때 일본이 점령하기 전에는 네덜란드의
식민지였습니다. 일본이 패전하자 구 종주국인 네덜란드는 인도네시
아의 독립을 인정하지 않고 무력을 동원하여 다시 한 번 식민지화하려
했습니다. 인도네시아인들은 이러한 네덜란드에 맞서 격렬한 독립전쟁

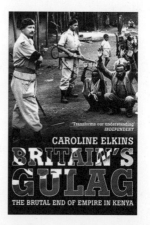

---

4  2002년 BBC가 〈케냐-화이트 테러〉라는 다큐멘터리
   를 방영했다. 그리고 2005년에는 이 다큐멘터리 제작에
   도 참여했던 엘킨스(C. Elkins)가 『영국판 강제수용소
   (Britain's Gulag)』(미국판 제목은 Imperial Reckon-
   ing)이라는 책을 출판하여 퓰리처상을 수상했다.
5  영국의 가디언(The Guardian)은 이 재판에 대한 모든
   과정을 상세히 보도했는데 특히 2013년 6월 6, 7일 기
   사에는 엘킨스가 쓴 장문의 코멘트가 같이 수록되어 있
   어 큰 도움이 된다.

을 벌였습니다. 그 과정에서 1947년, 서(西)자바의 라와그데 마을에서 네덜란드군이 주민 남자들을 학살하는 사건이 일어났습니다.[6] 인도네시아 독립선언 50주년이 되는 2005년, 네덜란드 외무장관이 '도의적'으로 사죄한 것이 계기가 되어 2009년에 유일한 생존자 남성과 희생자 유가족들이 네덜란드 정부를 상대로 소송을 제기했습니다. 2011년 헤이그 지방법원이 시효를 인정하지 않는다는 판결을 내리자 네덜란드 정부는 공식적으로 사죄를 표명하고 유일한 생존자와 남겨진 배우자에 대한 배상금 지불을 결정했습니다.

이처럼 피해의 직접 당사자가 생존해 있고 비인도적 행위에 관한 충분한 증거가 있으며, 정치가, NGO, 법률가, 역사연구자 등이 당사자들을 지원하고 여론을 형성, 확대해 나가면서 하나의 목소리를 내면 구종주국의 정부가 법적책임을 인정하고 배상을 한 선례가 이미 축적되어 있습니다.


## 오늘날의 과제

그러나 피해 당사자가 생존해 있지 않는 등 사법적 해결을 위한 조건이 갖추어지지 않은 경우도 많습니다.

---

6  라와그데 사건과 재판에 대한 상세한 내용은 吉田信, 「オランダにおける植民地責任の動向」, (『国際社会研究』 2, 2013.)을 참조하기 바란다.

예를 들어, 20세기 초 독일은 당시 식민지였던 서남아프리카(현 나미비아)의 헤레로 등 민족 집단에 대해 집단학살과 강제수용을 비롯한 잔학행위를 자행했습니다. 2001년 헤레로인들이 미국 법원에서 독일의 국가와 기업을 상대로 재판을 제기했지만, 2007년까지 모두 기각되었습니다.[7] 그리고 사상 최초의 흑인 공화국으로 1804년에 독립한 아이티는 그때까지의 종주국이었던 프랑스에게 60년 이상에 걸쳐 거액의 배상금을 지불하게 되었습니다. 2002~2004년, 아리스티드 당시 아이티 대통령은 프랑스에게 과거 지불했던 배상금에 대해 반환과 보상을 요구했지만 거부당했습니다.[8] 이외에도 노예제의 피해자인 흑인들의 사죄와 배상 요구, 선주민족의 권리회복 요구 등과 관련한 운동 중에도 위 사례와 비슷한 경우가 있습니다.

이와 같이 모든 경우에서 법적 책임과 배상이 인정된 것은 아닙니다. 하지만 위 사례와 같은 식민지 지배 책임에 관련한 문제들은 사회적으로 크게 화제가 되었고 그 결과, 탈식민지화가 현재적 과제라는 점, 현행법의 한계를 극복할 수 있는 정치적 판단 등의 시도 없이는 해결할 수 없다는 점을 인식하게 되었다는 측면은 있습니다.

이렇게 보면 일본군 '위안부' 제도와 전시 강제동원 피해 당사자가 일본 정부와 기업을 대상으로 제기한 소송을 포함한 일련의 운동은 앞서 소개한 사례들과 시대적으로도 배경적으로도 상통하는 면이 있습

---

7  永原陽子,「ナミビアの植民地戦争と「植民地責任」」,『「植民地責任」論』, 青木書店, 2009.
8  浜忠雄,「ハイチによる「返還と補償」の要求」,『「植民地責任」論』, 青木書店, 2009.

니다. 따라서 법적으로도 충분히 해결할 수 있는 조건을 갖추고 있다고 생각합니다. 그리고 1990년대 일본군 '위안부' 제도의 피해자들이 피해 사실을 밝힌 이후 이들의 운동은 전 세계적으로도 널리 알려졌고, 앞서 소개한 타 지역에서 벌어진 역사적 책임을 추궁하는 운동에 자극을 준 부분도 있습니다.

이러한 의미에서 일본의 문제 해결은 세계사적 문제 해결과 연동되어 있습니다. 바로 이 관점에서 우리들은 식민지 지배가 남긴 짐을 직시해 나가야 할 것입니다.

**참고문헌**

永原陽子 編, 『「植民地責任」論』, 青木書店, 2009.
나카노 도시오·김부자 편저, 『역사와 책임』, 선인, 2008.
徐勝·前田朗編, 『文明と野蛮を超えて』, かもがわ出版, 2011.

# 아베 담화는
# 무엇이 문제인가?

●
이
타
가
키
류
타

2015년 8월 14일, 아베 신조 일본 총리는 '종전 70년'을 맞아 내각총리대신 담화를 발표했습니다. (이하 '아베 담화'[1], 전문은 262쪽 참조) 아베 담화에는 이 책의 핵심 테마인 일본의 식민지 지배 책임 및 조선인 '위안부' 문제가 명백히 빠져 있습니다. 이에 이 책 전체의 결론을 대신하여 1990년대 이후 역사수정주의의 흐름 속에 아베 담화를 자리매김하고 그 문제점을 정리해 보도록 하겠습니다.

---

1  역대 총리대신의 담화 및 지시는 수상관저 홈페이지(www.kantei.go.jp/jp/97_abe/discource/archive/)를 참조하기 바란다.

아베 담화는 일본의 침략전쟁과 식민지 지배의 역사에 대해 1990년대 이후 계속되고 있는 일본 국내에서의 논쟁과 정치적 갈등의 연장선상에 있습니다.[2]

1991년 김학순 할머니가 일본군 '위안부'이었다는 사실을 최초로 증언한 것을 시작으로 일본의 역사적 책임을 추궁하는 움직임이 세계적으로 활발해지는 가운데, 일본 정부는 가토 고이치 관방장관 담화(1992)와 고노 료헤 관방장관 담화(1993)를 통해 일본군과 일본 정부의 책임을 인정하는 내용을 담은 견해를 표명했습니다. 일본 정부는 법적 책임을 용의주도하게 회피하면서 아시아여성기금을 만들었습니다. (1995, Q20 참조) 그리고 1993년 8월 호소카와 모리히로 총리는 국회 소신표명 연설에서 "침략 행위", "식민지 지배"라는 표현을 일본 총리로는 처음으로 쓰면서 "반성과 사과"를 언급했습니다. 이러한 흐름 속에서 1995년 8월 무라야마 도미이치 총리는 공식담화 〈전후 50주년 종전기념일을 맞아〉[3]('무라야마 담화', 전문은 260쪽 참조)를 발표하였는데, 이 담화에서는 일본이 "식민지 지배와 침략으로 많은 국가들, 특히 아시아

---

2  1990년대부터 시작된 관련 움직임에 대해서는 藤永壯, 「「慰安婦」問題と歷史修正主義について の略年表」(http://www.dce.osaka-sandai.ac.jp/~funtak/databox/nenpyo.htm), 다와라 요시후미의 홈페이지(http://www.ne.jp/asahi/tawara/goma/)를 참조하기 바란다.

3  고노 담화와 무라야마 담화의 의의와 문제점에 대해서는 Fight for justice의 홈페이지 http://fightforjustice.info/?page_id=24를 참조하기 바란다.

제국(諸國) 사람들에게 다대한 손해와 고통을 안겨주었습니다"라고 표명하기에 이르렀습니다.

한편으로는 이러한 흐름에 반발하는 움직임이 정계와 언론계를 중심으로 급속히 확대되어 갔습니다. 1993년 호소카와 연설에 반발하여 자민당 내부에 만들어진 '역사검증위원회'(야마나카 사다노리 회장)는 역사수정주의 논객들을 모아 1995년에 대동아전쟁은 '올바른 전쟁'이라고 주장하는 책을 출판하기도 했습니다.[4] 당시 초선 국회의원이었던 아베 신조도 이 위원회의 위원이었습니다. 1994년에는 무라야마 내각의 "전후 50주년" 결의를 저지하고 "자학적 역사인식"을 바로잡기 위해 '전후 50주년 국회의원연맹'(오쿠노 세스케 회장, '밝은 일본 국회의원연맹'으로 개칭)이 조직되었고 아베 의원은 사무국장 대리를 맡았습니다.

1990년대 후반에는 '새로운 역사교과서를 만드는 모임'(1996)이 결성되는 등 역사수정주의자들의 움직임이 활발해졌습니다. 그들의 주 공격 대상은 고노 담화 및 무라야마 담화, 그리고 '위안부' 문제에 관한 내용을 게재한 역사교과서였습니다. 1997년에는 '일본회'의 국회의원 간담회와 아베 의원이 사무국장을 맡은 '일본의 앞길과 역사교육을 생각하는 젊은 의원들의 모임'(나카가와 쇼이치 회장)[5] 등 국회의원의 조직화가 한층 더 활기를 띠었습니다. 나중에 성립된 제1차, 제2차 아베 내

---

4  歷史·檢討委員会,『大東亜戦争の総括』, 展転社, 1995.
5  '일본의 앞길과 역사교육을 생각하는 젊은 의원들의 모임'도 고노 담화 비판을 중심으로 한 책 『歷史教科書への疑問』(展転社, 1997)을 출판했다.

각에는 이러한 역사수정주의 각 단체의 인맥이 대거 등용되었습니다.[6]

이와 같이 일본의 역사적 책임을 둘러싼 정치적 갈등의 중심에 일본 군 '위안부' 문제가 자리 잡고 있습니다. '위안부' 문제가 일본의 전쟁 책임뿐만 아니라 식민지 지배, 그리고 젠더 차별 문제를 동시에 드러내 기 때문입니다. 또한 한국의 민주화 등을 계기로 국가와 국가 간의 정 치적 결착으로는 담아낼 수 없는, 피해자 개인의 목소리가 역사의 주 무대에 등장했다는 점에서도 중요합니다. (Q15 참조)


## 일본의 식민지 지배 책임을 부정하다

아베 담화는 일본의 식민지 지배와 침략전쟁에 대한 역사적 책임을 묻 기 위해 1990년대 이후 전 세계적으로 벌어지고 있는 운동을 봉쇄하려 는 힘의 산물이라 할 수 있습니다. 특히 아베 담화는 이 책의 테마인 일 본의 식민지 지배 책임과 조선인 '위안부' 문제를 명백히 그리고 구조적 으로 부정하고 있습니다.

---

6 주3에서 소개한 다와라 요시후미의 홈페이지에 각료에 대해 상세히 분석되어 있다. 그리고 바로 이러한 정치적 구도 속에서 2001년 1월에 방영된 NHK 다큐멘터리 〈전시 성폭력을 묻는다〉의 프로그램 개악 사건이 일어났다. 이 프로그램의 테마는 2000년에 도쿄에서 개최된 여성국제전범 법정이었는데, 아베 의원 등 '일본의 앞길과 역사교육을 생각하는 젊은 의원들의 모임' 및 '일본회' 의 멤버들이 프로그램 제작에 외압을 가하면서 NHK 간부의 지시로 일본군 '위안부' 문제에 대한 일본의 책임을 다루는 장면과 내레이션이 대폭 잘려나갔다. 자세한 내용은 『番組はなぜ改ざん されたか』(一葉社, 2006) 등을 참조하기 바란다.

물론 식민지 지배에 대한 언급이 있긴 합니다. 하지만 '서양 제국(諸國)'의 식민지화에 관한 문제를 말했을 뿐, 일본의 식민지 지배 문제에 대해서는 일언반구도 없습니다.[7]

아베 담화에는 19세기 "서양 제국"의 "식민지 지배의 물결"이 아시아로 밀려든 것에 대한 "위기감"이 일본 "근대화의 원동력"이 되었다고 쓰여 있지만, 같은 시기 일본이 제국헌법을 제정해 제국의회를 만들고 곧이어 청일전쟁을 일으켜 조선의 많은 민중을 학살하는 한편 타이완을 식민지화했다는 역사는 지워지고 없습니다.[8]

러일전쟁에 대해 아베 담화는 "식민지 지배하에 있던 많은 아시아, 아프리카 사람들에게 용기를 주었습니다"라고 평가하고 있습니다. 그러나 러일전쟁은 일본의 조선(대한제국) 주권 침탈의 출발이었습니다. (Q9 참조) 이후 조선에서 일어난 의병전쟁을 일본의 군경은 철저히 토벌했고(Q11 참조) 이어 한국병합(1910)을 단행했습니다. 그러니 오히려 러일전쟁은 일본의 조선 식민지 지배의 출발점이 된 것이지, 결코 조선 "사람들에게 용기를 주었"다고는 할 수 없습니다.

더욱이 아베 담화는 제1차 세계대전을 계기로 "민족자결의 움직임이 확대되자 그때까지의 식민지화에 제동이 걸렸"다고 합니다. 큰 세계사

---

7 그렇다고 해서 1995년 무라야마 담화가 식민지 지배 책임을 묻는 의미에서 충분한 내용을 담고 있냐고 하면 그렇지는 않다. 이 점에 대해서는 이타가키 류타, 「탈냉전과 식민지배책임의 추급」 (나카노 도시오, 김부자 편저, 『역사와 책임』, 선인, 2008)을 참조하기 바란다.
8 청일전쟁 당시 일본의 조선 민중 학살에 대해서는 『메이지 일본의 식민지 지배』(이노우에 가쓰오 지음, 동선희 옮김, 어문학사, 2014)를 참조하기 바란다.

적 흐름으로는 그렇다고 할 수 있지만, "일본도 발걸음을 맞췄"다고 평가하는 것은 문제입니다. 우선 일본은 독일령이었던 남양군도를 점령하여 지배 영역을 넓혔으니 제동을 걸었다고 할 수 없습니다. 조선에 대해서도 마찬가집니다. 미국의 윌슨 대통령이 1918년에 발표한 '14개조 평화원칙'에 "민족자결"이 포함되었고 이것이 하나의 도화선이 되어 1919년 조선 각지에서 3·1독립운동이 일어났습니다. 그런데 일본은 이러한 '민족자결'의 움직임을 무력으로 철저히 탄압했습니다. 3·1운동 이후 일본의 조선 통치 방식은 바뀌었지만, 경찰력은 오히려 증강되었고 독립운동에 대한 탄압은 보다 철저해졌습니다. (Q11 참조)

아시아·태평양전쟁으로 인한 인적 피해에 대해서 언급하는 부분에서도 식민지 문제를 명백히 그리고 구조적으로 무시하고 있습니다. 아베 담화는 "300만 여의 동포"의 "목숨"과 "전투를 벌인 나라"의 사람들에 대해서는 이야기하면서, 식민지의 사람들에 대해서는 언급조차 하지 않습니다.

그러니까 전후 일본이 식민지 지배와 "영원히 결별"했음을 맹세했다 하더라도, 패전으로 인해 식민지가 일본의 영토에서 분리되었다는 사실 이상의 그 어떤 의미도 없습니다. 사과와 비슷한 표현을 쓴 대상도 "앞선 대전에서 한 일"뿐, 식민지 지배에 대해서는 조금이라도 사과의 뉘앙스를 풍기는 그 어떤 표현도 찾아볼 수 없다는 것 또한 아베 담화의 특징입니다. 그리고 전후 일본이 샌프란시스코 강화조약 때 정해진 무(無)배상 원칙을 발판삼아 국제사회로 복귀할 수 있었던 것은 아베 담화가 말하듯 전승국이나 피해국 사람들의 "관용의 마음" 덕분이 결코 아닙니다. 냉전하에서 일본의 지정학적 위치가 그것을 가능케 했을 뿐입니다. (Q16 참조)[9] 또한 샌프란시스코 강화조약의 틀 속에서 한일조약의 청구권 문제가 규정됨으로써 한일 간의 협정은 결과적으로 식민지 지배에 대한 사죄도 배상도 일절 없는 '정부끼리의 해결'에 그치고 말았습니다. (Q17 참조) 이것이야말로 지금까지도 해결되지 못한 채 지속되고 있는 역사적 책임문제의 원천인 것입니다. (Q18 참조)

덧붙여 말하자면 아베 담화는 일본이 "이웃 아시아 사람들"에 대해 "전후 일관되게 그 평화와 번영을 위해 힘을 다해왔습니다"라고 합니다. 이 말을 현재 일본을 함께 살고 있는 가장 가까운 '이웃', 재일조선인에 대해서도 똑같이 할 수 있을까요? 게다가 일본은 바다 건너 가장 가까운 '이웃 아시아', 즉 한반도에서 전쟁이 벌어졌을 때(한국전쟁) 서둘러 경찰예비대를 설치하고 재군비를 촉진시켜 '조선 특수'를 누리고 헌법의 틀까지 넘어 소해정(掃海艇)과 해상수송선을 한국으로 비밀리에 보냈습니다.[10] 이런데도 일본이 이웃 한반도의 "평화와 번영"을 위해 노력했다니 말이 안 됩니다. 일본과 재일조선인, 한반도와의 관계 및 역사를 가벼이 여기지 않는 한 총리대신의 담화에 결코 나와서는 안 될 말입니다.

---

9  실제로 아베 총리는 2015년 4월에 미 연방의회 상하 양원 합동회의에서 전후 일본에 대해 "미국의 리더십"하에서 "냉전에 승리"한 역사라고 총괄했다.

10  일본의 한국전쟁 참전에 대해서는 大沼久夫編, 『朝鮮戦争と日本』(新幹社, 2006), 城内康伸, 『昭和二十五年最後の戦死者』(小学館, 2013), 防衛省防衛研究所, 『朝鮮戦争と日本』(http://www.nids.go.jp/publication/mh_tokushu/, 2013)을 참조하기 바란다.

## 일반론적인 '여성의 인권'에 묻혀버린 '위안부' 문제

이렇듯 아베 담화는 일본의 식민지 지배 책임을 명백히 부인하는 입장에서 쓰였습니다. 이러한 식민지 문제 은폐는 일본군 '위안부' 문제에 관한 언급이 없다는 사실과도 연관됩니다.

아베 담화에서 조금이라도 일본군 '위안부' 문제와 관련이 있을 수 있는 표현을 굳이 들자면, "전쟁하에서 많은 여성들의 존엄과 명예가 깊이 상처받"았다는 문장 정도입니다. 하지만 "여성들의 존엄과 명예가 상처받았다"라는 너무나 일반론적인 말만으로는 도대체 누가 어떤 여성들에게 어떤 상처를 주었는지 전혀 알 수 없습니다. 나머지는 "21세기야말로 여성의 인권이 상처받는 일이 없는 세기로 만들"겠다는 '미래지향'적 표현이 있을 뿐입니다. 여성들의 피해를 이런 식으로밖에 다루지 않는 아베 담화에, 민족(인종) 간의 관계를 핵심으로 하는 식민지 지배의 문제가 개입될 여지는 없습니다. 1990년대 이후 일본군 '위안부' 문제를 논의하는 과정에서, 많은 사람들이 젠더 문제와 민족 문제를 각각 다른 별개의 문제가 아니라 복합적으로 봐야 한다고 이미 수도 없이 제기해 왔습니다. 그럼에도 불구하고 이 담화에서는 민족 문제는 무시한 채 '여성의 인권'만을 뚝 잘라내 말함으로써 결과적으로 일본군 '위안부' 문제의 핵심이 은폐되고 말았습니다.

일본군 '위안부' 제도의 역사적 연원에는 일본군 기지와 일본인 거류지 인근에 도입된, 일본 '내지'와는 다른 체계로 운용된 식민지 공창제가 있었습니다. (Q1 참조) 그리고 일본군 '위안부' 제도하에서 식민지로부터 미성년자까지 포함한 여성들을 대량으로 모을 수 있었던 것은 식민지에는 '내지'의 일본인과는 다른 차별적 체계가 적용되었기 때문입니다. (Q6, 7 참조) 일본이 식민지에서는 국내법 및 국제법 등을 '내지'와는 달리 차별적으로 운용할 수 있도록 만들어놓은 시스템이 있었기에 가능했던 것입니다. (Q8, 10 참조) '여성의 인권'이라는 일반론만으로는 일본군 '위안부' 문제를 제대로 파악할 수 없다는 점은 20세기 비판적 페미니즘론에서 거듭 지적해 왔습니다.[11] 바로 이 점이 현대를 사는 우리가 배워야 할 역사적 교훈이 아니겠습니까.

아베 담화는 다음 세대에게까지 계속 사죄하게 해서는 안 된다고 합니다. 그러나 사죄란, 사실관계에 관한 5W1H(언제, 어디서, 누가, 무엇/누구에게, 왜, 어떻게 했는가)를 포함한 철저한 진상규명과 책임추궁, 배상 등의 조치가 따르지 않으면 의미가 없습니다. 개인적 관계에 비유하자면 아무런 진정성이 없는 '미안합니다'라는 공허한 말처럼 상대방을 분노시키는 말이 없다는 것은 누구나 쉽게 이해할 수 있을 것입니다. 당연히 사죄를 하더라도 피해 당사자들에게 용서받을 수는 없겠지만, 여태껏 일본 정부는 식민지 지배와 일본군 '위안부' 문제에 대해 그 어떤 사죄도 한 적이 없습니다.

강풍에 날려 미래로 날아가더라도 뒤를 돌아보고 눈을 활짝 뜨며 멀어져가는 과거의 잔해를 지켜보는 천사―바로 이 모습이 나치스 독일

---

11 관련 논의에 대해서는 岡真理, 『彼女の「正しい」名前とは何か』(青土社, 2000), 米山リサ, 『暴力·戦争·リドレス』(岩波書店, 2003)를 참조하기 바란다.

에서 목숨을 잃기 직전에 사상가 벤야민이 그렸던 '역사의 천사'입니다.[12] '발전'이나 '세계화'라는 강풍에 날려 단지 앞만 보고 '미래지향'으로 나아가는 것이 아니라, 역사의 천사와 함께 20세기 폭력의 역사에서 눈을 돌리지 않는 것, 이것이 21세기를 사는 우리들이 갖춰야 할 기본자세이지 않겠습니까?

12  ヴァルター・ベンヤミン, 「歴史の概念について」, 『ボードレール他五篇』, 岩波文庫, 1994.

## 자국의 가해 역사를
## 직시한다

—사실 인정과 사죄 없는 '화해'는 없다

● 오카모토 유카

### "동지적 관계"라는 충격

박유하 씨의 『제국의 위안부』를 읽고 가장 충격받은 것은 할머니('위안부' 피해자)들도 격노하신 "동지적 관계"[1]라는 표현입니다. 일본 제국주의 입장에서 보면, '위안부'는 일본군이 보다 잘 싸우기 위해 만들어진 제도입니다. 한 개인이 황민화교육의 영향을 강하게 받고 일본 제국주의에 적극적으로 협력하려 했다고 해서, 일본군 '위안부' 문제의 본질을 뒤집어엎을 수 있을까요? 동지라는 말의 쓰임새가 너무나도 억지스럽지 않습니까? '동지적 관계'는 의식적으로 가해—피해의 관계를 무

---

1 "조선인 위안부와 일본군 병사와의 관계가 구조적으로는 '같은 일본인'으로서의 '동지적 관계'였다."(『제국의 위안부』 일본어판, 83쪽)

너뜨리려는 표현인데, 그렇다고 해서 가해자가 없어지지는 않습니다.


## 조선인 업자와 일본군의 책임


그리고 조선인 업자의 책임을 물어야 한다는 데에는 이견이 없지만, 그들의 책임이 일본군보다 크다[2]고 하는데 이게 말이 됩니까? 마치 유대인 학살의 책임에 대해 히틀러나 나치당의 책임보다도 유대인 몇 명을 잡아 열차에 태운 동네 사람의 책임이 더 크다고 하는 것과 마찬가진데, 이건 아니라고 생각합니다. 예전에는 진보적 경제학자였는데 갑자기 보수적으로 바뀌어 최근에는 '뉴라이트'를 칭하는 안병직 교수조차 『일본군 위안소 관리인의 일기』의 해제에서, 업자가 (스스로의) 이익을 위해 군에 복종하여 위안소를 만든 것이 아니라 군부대의 지시와 요구에 따라 여성들을 연행하였음은 자명하다고 분석했습니다.[3](Q3 참조)

---

2  "위안부들을 끌고 간 (중략) '법적 책임'은 직접적으로는 업자들에게 물어야 한다. (…) 수요를 만들어낸 일본 국가의 책임은 비판은 할 수 있어도 '법적 책임'을 묻기는 힘들다"(위 책, 46쪽) 등.

3  1943~1944년에 버마와 싱가포르의 일본군 위안소 회계일을 하던 조선인 관리자의 일기가 2012년 5월에 한국에서 발견되어, 안병직 번역·해제, 『일본군 위안소 관리인의 일기』(이숲, 2013)로 출판되었다. 안병직은 이 책의 내용은 '제4차 위안단'을 가리킨다고 하며, 미국 전쟁정보국 심리작전반, 『일본인 포로 심문보고』 제49호(Q6참조) 등의 자료 및 증언과 대조하여 다음과 같은 두 가지를 지적했다. 첫째, 조선에서의 '위안부' 동원에 대해서이다. 일본 군부가 의뢰인을 조선에 파견하고 조선군사령부의 협력을 얻어 위안소 업자를 모집했다. 모집된 여성들 대부분이 가난한 계층으로 "유괴와 마찬가지의" 인신매매와 사기를 당한 가능성이 높으며, "넓은 의미에서의 강제동원"이라 할 수 있다. 중요한 것은 제4차 위문단이 "징용, 징병 및 정신대와 같은 전시동원이었다", 즉 "일본의 국가정책에 의해 계획적으로 동원되었다"라고 자리매김한 점이다. 둘째, 전장에서의 '위안부'의 처지는 폐업이 힘들었고 "'성적 노예상태'라고 봐도 무방하다"라고 했다.

일본군 '위안부' 문제는 민족문제를 떼고는 설명할 수 없지만 민족문제만으로 접근해서도 안 된다고 생각합니다. 민족문제만으로 접근하면, 극단적으로 말하자면 일본인이 조선인 여성을 연행해 간 것은 비난할 수 있어도 조선인이 조선인 여성에게 같은 짓을 한 경우는 비난할 수 없게 됩니다. 비록 조선인이 조선인 여성을, 혹은 일본인 여성을 모집하여 같은 짓을 했다고 하더라도, 똑같은 비판을 받아야 하지 않겠습니까.

이 문제의 본질은 국가권력이 전쟁을 효율적으로 수행할 목적으로 병사들에게 '깨끗한 성'을 공급하기 위해 여성의 신체를 동원하고 관리했다는 것입니다. 이때 하부구조에 조선인 업자들이 포함되었다든지 하는 문제는 일본군 '위안부' 문제를 민족문제로만 볼 때는 아주 중요한 문제일지 모르지만, 이를 종합적으로 바라볼 때는 부차적 문제입니다.

## 자국의 가해 역사를 직시한다

아시다시피 한국전쟁 때 한국군 '위안부'가 존재했습니다. 김귀옥 씨가 논문[4]에서 다루었듯, 당시 일본군 출신 한국군 간부들은 '위안부' 제도 운영을 당연한 것으로 생각하여 한국전쟁 때 '위안부' 제도를 이

---

4  김귀옥(鄭栄桓訳), 「朝鮮戦争時の韓国軍『慰安所』について」, 宋連玉·金栄 編著, 『軍隊と性暴力─朝鮮半島の二〇世紀』, 現代史料出版, 2010.

용했습니다. 일본군과 같이 대규모는 아니었습니다만. (Q21 참조)

일본 제국주의의 본질을 계승한 박정희 정권의 핵심은 일본군국주의 교육을 받은 사람들 입니다. 그 정권이 베트남전쟁에 한국군을 파병했는데, '위안부'를 파견하는 문제를 심각하게 검토했습니다.[5] 베트남에서도 한국군에 의한 민간인 학살과 성폭행이 여러 곳에서 자행되었습니다. 제가 일하는 평화박물관은 일본군 '위안부'였던 할머니가 기부하신 돈으로 시작되었는데, 평화박물관을 정대협과 함께 베트남전 당시 한국군에 의해 성폭행을 당한 베트남 여성들의 증언을 채록하는 작업을 했습니다.[6] 라이따이한[7] 문제에 대해서는 우리들도 실태조사를 하지 못했습니다만, 『한겨레』의 논설위원을 거쳐 연합통신(현 연합뉴스)의 대표이사를 맡고 있었던 김종철 씨가 이 문제를 본격적으로 제기했습니다. 라이따이한 문제는 국가가 개입한 것은 아니지만 한국의 우리들도 당연히 사죄하고 반성해야 할 문제입니다.

---

5  한홍구, 『대한민국사』 3, 한겨레출판사, 2005, 119쪽.

6  "할머니의 어떤 기억―'위안부' 피해자들이 연대의 손 내민 베트남전 성폭력 피해자들의 첫 증언", 『한겨레』 2015. 4. 25.

7  라이(Lai)는 베트남말로 '혼혈잡종'을 뜻하는 차별 용어, 따이한(Daihan)은 대한(大韓)을 뜻한다. 라이따이한이란 베트남전쟁 때 파견된 한국인 남성(군인 및 민간인)과 베트남 여성 사이에 태어난 아이들을 칭한다. 라이따이한 문제는 "한국인들이 베트남전쟁 때, 특히 1975년 베트남 공산화 이후 베트남 '아내'와 아이들을 버리고 무책임하게 한국으로 돌아온 것으로부터 시작"(『부산일보』 2004. 9. 18.)되었고 주로 현지처와 아이들에 대한 문제를 일컫는데, 여기에는 성폭력 문제도 포함된다.

## 일본군 '위안부' 제도의 본질

일본 군국주의는 총력전 체제에서 성병을 예방하고 점령지역의 전시 강간을 막기 위해 여성들을 전장으로 동원했습니다. 이렇게 동원된 여성들의 80퍼센트가 조선 여성이었습니다.

조선인 여성들을 끌고 가서 공급한 것은 조선인이 (대일본제국의) 이등 신민이었기 때문이겠죠. 일본제국주의의 일등 신민인 (일본인) 여성들은 황군 병사를 낳아 길러야 하므로 이등 신민(인 조선인 여성)들은 황군 병사를 즐겁게 해 주는 것이 역할이었을 겁니다. 역할이 이렇게 달랐습니다.


## '사죄'란? '화해"란?

제가 박유하 씨가 말하는 '화해'를 비판하는 근거 중 하나는, 제가 '미안해요, 베트남' 운동을 해왔기 때문입니다.

1999년 무렵, 베트남전쟁 때 한국군에 의한 베트남민간인학살문제가 알려지면서 민주화운동을 해온 사람들을 중심으로 큰 반향이 일어났습니다.[8] 우리들은 진실을 밝히고 베트남 민중들에게 사죄하는 운동을 해야 한다고 생각하여 '베트남전쟁 진실위원회'를 만들었습니다.

그 과정에서 한국군에게 상처받은 베트남 사람들의 이야기를 알게된 일본군 '위안부' 피해자 문명금 할머니와 김옥주 할머니가 "전쟁으로 고통받은 다른 사람들에게 써 달라"고 하면서 정부와 민간단체에게 받은 지원금 수천만 원을 남기고 돌아가셨습니다. 우리들은 전쟁으로 고통받은 할머니들의 이 소중한 돈을 어떻게 쓸지 진지하게 고민하다가 베트남에 평화역사기념관을 만들자는 계획을 세웠습니다.[9] 그런데 베트남의 피해자들과 이야기를 나누던 중 이들과 같은 피해자가 다시는 나오지 않도록, 사죄의 마음을 담아 미래의 피해자를 막는 것이 보다 현실적인 사죄이지 않을까, 그렇다면 베트남이 아니라 한국에 평화운동 교육의 장으로서 '평화박물관'을 세워야 하는 것이 아닌가 생각하게 되었습니다.

우리들은 '미안해요, 베트남' 운동을 시작한 초기에는 '화해'라는 말을 사용했지만 점점 쓰지 않게 되었습니다. 우리가 해야 할 몫은 사실을 인정하고 고백하고 용서를 구하는 것일 뿐이고, 화해란 베트남 사람들이 우리의 사죄를 받아들인 다음에 베트남 사람들이 먼저 제안할 수 있는 것이라는 점을 깨달았기 때문입니다.

---

8   1992년에 한국과 베트남은 외교관계를 수립했다. 베트남의 한 대학원에서 유학한 구수정이 현지조사와 증언을 모아 1999년 5월 잡지 『한겨레21』에 쓴 기사를 계기로, 『한겨레21』은 베트남에 대한 사죄의 뜻을 담아 '미안해요, 베트남' 캠페인을 시작했고 폭넓은 공감대를 형성했다. 하지만 한편으로는 베트남전쟁 참전군인들의 거센 반발에 부딪치기도 했다. NGO 나와우리(초대 대표 김현아)도 1999년부터 3년간 한국군의 민간인 학살을 현지조사한 기록을 책으로 출판했다. 2001년에는 김대중 당시 대통령이 방한한 베트남 국가주석에게 공식 사죄를 했다. 진보파들은 환영했지만 일부 보수파와 퇴역 군인들이 반발하며 한국 내 여론은 반으로 나뉘었다. 상세한 내용은 구수정, 「ベトナムの韓国軍」(『クァドランテ』 No. 4, 金成蘭訳, 2002), 김현아, 『전쟁의 기억 기억의 전쟁』(책갈피, 2002), 伊藤正子, 『戦争記憶の政治学 : 韓国軍によるベトナム人戦時虐殺問題と和解への道』(平凡社, 2013) 등을 참조하기 바란다.

9   한홍구, 앞의 책(2권, 46~59쪽) 및 http://www.peacemuseum.or.kr 참조.

인도네시아에서 백인 여성을 '위안부'로 만든 일본 장교들은 사형을 포함하여 무거운 처벌을 받았지만, 수많은 아시아 여성을 '위안부'로 만든 일본군은 전혀 처벌을 받지 않았습니다. 처벌은커녕 일본 국가의 책임을 제대로 인정조차 하지 않고 있습니다. 일본에서는 "이미 사죄하지 않았나. 도대체 몇 번이나 사죄하라고 하는가"라는 발언이 종종 나온다고 들었습니다.

진정한 사죄란 무엇이겠습니까. 마음이 전해진다면 굳이 말이 필요하지 않을 수도 있죠. 일본 곳곳에 양심적인 시민들이 일본군 '위안부' 문제 해결을 위해 노력하고 있지 않습니까. 이런 분들이 한국에 와서 할머니들의 손을 잡는 모습을 보면 말로 표현하지 않아도 사과의 마음을 충분히 전달됩니다. 그런데 어떤 사과는 들으면 들을수록 화가 납니다. "그래, 내가 잘못했다구. 잘못했다니까. 도대체 몇 번이나 사과해야 되겠어. 그래 마지막으로 사과할게. 잘못했다구. 이게 마지막이야. 더 이상 나한테 사과 요구하지마." 박유하 씨가 일본에서 널리 읽히는 이유는 한국인, 그것도 여성이 일본군 '위안부' 문제로 마음이 불편한 일본인들에게 '위안부'를 끌고 간 것은 조선사람들이니 일본사람들이 별로 미안해할 필요 없다고 위안을 주기 때문이겠죠. 피해자인 할머니들이 사과를 요구하는데, 박유하 씨가 어떤 자격이나 대표성을 지니기에 일본의 책임을 물을 수 없다는 식으로 이야기할 수 있을까요.

할머니들이야말로 진심으로 화해를 바랄 것입니다. 고통으로부터, 참혹한 기억으로부터 벗어나기를 원하고 계십니다. 왜 사죄를 요구하는가. 사죄가 할머니들의 치유제이자 약이니까 필요한 겁니다. 할머니들은 과거로부터 조금이라도 더 벗어나 참혹한 기억을 떨쳐버리고 얼마 남지 않은 여생을 조금이라도 더 평온하게 보내기를 바라고 계십니다. 추운 겨울에도 (수요집회에) 나오는 것은 아직 '악'에 대해 사죄를 못 받았기 때문입니다. 정대협이 할머니들을 운동으로 끌고 다닌다고 박유하 씨는 지금에 와서 비판을 합니다만, 전 말도 안 되는 비판이라 생각합니다.

중요한 것은 '피해자의 눈을 보기'와 '피해자의 이름을 기억하기'입니다. 일국사에 사로잡혀 있는 피해자들의 '고통의 기억'을 국경과 민족의 경계를 넘는 기억으로 만들어나가야 합니다. 그리고 피해자의 눈을 바라볼 용기를 회복해야 합니다. 이것을 한국에서 평화운동을 하는 우리들은 "고통의 연대"라고 부릅니다.

■ 본고는 2015년 3월 3일 평화박물관에서의 인터뷰 내용을 정리한 글입니다. 이번 한국어판에서는 한홍구가 직접 가필, 수정했습니다.
(인터뷰 : 오카모토 유카 / 정리 및 주석 : 김부자, 오카모토 유카)

## 〈전후 50년 무라야마 담화〉 1995년 8월 15일

지난 대전이 종말을 고한 지 50년의 세월이 흘렀습니다. 다시금 그 전쟁으로 인해 희생된 내외의 많은 분들을 상기하면 만감에 가슴이 저미는 바입니다.

패전 후 일본은 불타버린 폐허 속에서 수많은 어려움을 극복하면서 오늘날의 평화와 번영을 구축해 왔습니다. 그것은 우리들의 자랑이며 그것을 위하여 기울인 국민 여러분 한 분 한 분의 영지(英知)와 꾸준한 노력에 대하여 저는 진심으로 경의의 뜻을 표하는 바입니다. 여기에 이르기까지 미국을 비롯한 세계 여러 나라에서 보내준 지원과 협력에 대하여 다시 한 번 심심한 사의를 표합니다. 또 아시아·태평양 근린 제국(諸國), 미국, 나아가 유럽 제국(諸國)과의 사이에 오늘날과 같은 우호관계를 구축하게 된 것을 진심으로 기쁘게 생각합니다.

평화롭고 풍요로운 일본이 된 오늘날, 우리는 자칫하면 이 평화의 존귀함과 고마움을 잊어버리기 쉽습니다. 우리는 과거의 잘못을 두 번 다시 되풀이하지 않도록 전쟁의 비참함을 젊은 세대에 전하지 않으면 안 됩니다. 특히 근린 제국의 사람들과 협조하여 아시아·태평양 지역 더 나아가 세계평화를 확고히 해나가기 위해서는 무엇보다도 이들 여러 나라와의 사이에 깊은 이해와 신뢰를 바탕으로 하는 관계를 키워나가는 것이 불가결하다고 생각합니다. 정부는 이러한 생각을 바탕으로 하여 특히 근현대에 있어서 일본과 근린 아시아 제국과의 관계에 관한 역사 연구를 지원하고 각국과의 교류를 비약적으로 확대시키기 위하여 이 두 가지를 축으로 하는 평화우호교류사업을 전개하고 있습니다. 또 현재 힘을 기울이고 있는 전후 처리문제에 대하여도 일본과 이들 나라와의 신뢰관계를 한층 강화하기 위하여 저는 앞으로도 성실히 대응해 나가겠습니다.

지금 전후 50주년이라는 길목에 이르러 우리가 명심해야 할 것은 지나온 세월을 되돌아보면서 역사의 교훈을 배우고 미래를 바라다보며 인류사회의 평화와 번영에의 길을 그르치지 않게 하는 것입니다.

우리나라는 멀지 않은 과거의 한 시기, 국책을 그르치고 전쟁에의 길로 나아가 국민을 존망의 위기에 빠뜨렸으며 식민지 지배와 침략으로 많은 나라들 특히 아시아 제국의 사람들에게 다대한 손해와 고통을 주었습니다. 저는 미래에 잘못이 없도록 하기 위하여 의심할 여지도 없는 이와 같은 역사의 사실을 겸허하게 받아들이고 여기서 다시 한 번 통절한 반성의 뜻을 표하며 진심으로 사죄의 마음을 표명합니다. 또 이 역사가 초래한 내외의 모든 희생자에게 깊은 애도의 뜻을 바칩니다.

패전의 날로부터 50주년을 맞이한 오늘, 우리나라는 깊은 반성에 입각하여 독선적인 내셔널리즘을 배척하고 책임 있는 국제사회의 일원으로서 국제협조를 촉진하고 그것을 통하여 평화의 이념과 민주주의를 널리 확산시켜 나가야 합니다. 동시에 우리나라는 유일한 피폭국이라는 체험을 바탕으로 핵무기의 궁극적인 폐기를 지향하여 핵확산금지체제의 강화 등 국제적인 군축을 적극적으로 추진해 나가는 것이 간요(肝要)합니다. 이것이야말로 과거에 대한 속죄이며 희생되신 분들의 영혼을 달래는 길이 되리라고 저는 확신합니다.

"의지하는 데는 신의보다 더한 것이 없다"라고 합니다. 이 기념할만한 때에 즈음하여 신의를 시책의 근간으로 삼을 것을 내외에 표명하며 제 다짐의 말을 대신하고자 합니다.

무라야마 도미이치 내각총리대신

※ 「고노 담화」, 「무라야마 담화」의 의의 및 문제점에 대해서는 Fight for Justice 홈페이지의 http://fightforjustice.info/?page_id=2475 참조.

## 〈전후 70년 아베 담화〉 2015년 8월 14일

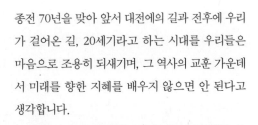

종전 70년을 맞아 앞서 대전에의 길과 전후에 우리
가 걸어온 길, 20세기라고 하는 시대를 우리들은
마음으로 조용히 되새기며, 그 역사의 교훈 가운데
서 미래를 향한 지혜를 배우지 않으면 안 된다고
생각합니다.

　백년도 더 전 세계에는 서양 제국(諸國)들을 중
심으로 한 나라들의 광대한 식민지가 확대되고 있었습니다. 압도적인 기술 우
위를 배경으로, 식민지 지배의 물결은 19세기 아시아에도 밀려들었습니다. 그
위기감이 일본에게 있어 근대화의 원동력이 되었다는 것은 틀림없습니다. 아시
아에서 최초에 입헌정치를 시작하고 독립을 지켜냈습니다. 러일전쟁은 식민지
지배하에 있던 많은 아시아, 아프리카 사람들에게 용기를 주었습니다.

　세계를 휩쓴 제1차 세계대전을 거쳐, 민족자결의 움직임이 확대되자 그때까
지의 식민지화에 제동이 걸렸습니다. 이 전쟁은 1000만 명의 전사자를 낸 비참
한 전쟁이었습니다. 사람들은 '평화'를 강하게 원하여 국제연맹을 창설하고 부
전(不戰)조약을 탄생시켰습니다. 전쟁 자체를 위법화시키는 새로운 국제사회의
조류가 생겼습니다.

　당초는 일본도 발걸음을 맞췄습니다. 그러나 세계공황이 발생하고 구미 제
국(諸國)이 식민지 경제를 끌어들인 경제 블록화를 진행하자 일본 경제는 큰 타
격을 입었습니다. 그러한 가운데 일본은 고립감이 깊어져 외교적, 경제적으로 한
계에 부딪히자 힘의 행사로써 해결하려고 시도했습니다. 국내의 정치시스템은

그것을 막지 못했습니다. 그리하여 일본은 세계의 대세를 놓치게 되었습니다.

만주사변, 그리고 국제연맹으로부터의 탈퇴. 일본은 점차 국제사회가 엄청난 희생 위에 구축하려 한 '새로운 국제질서'에 대한 '도전자'가 되어 갔습니다. 나아가야 할 진로를 잘못 잡아 전쟁에의 길로 나아갔습니다.

그리고 70년 전. 일본은 패전했습니다.

전후 70년을 맞아 국내외에서 숨진 모든 사람들의 목숨 앞에 깊이 고개를 숙이고 통석의 염(念)을 표함과 동시에 영겁의 애도를 바칩니다.

앞선 대전에서는 300만 여의 동포가 목숨을 잃었습니다. 조국의 장래를 걱정하고 가족의 행복을 바라며 전장에서 산화한 분들. 종전 후, 혹한의 또는 작렬하는 더위의 먼 타향에서 굶거나 굶주림이나 병에 시달리다 돌아가신 분들. 히로시마와 나가사키의 원폭 투하, 도쿄를 비롯한 각 도시에서의 폭격, 오키나와에서의 지상전 등으로 인해 많은 시민들이 무참히 희생되었습니다.

전투를 벌인 나라에서도 장래가 있는 젊은이들의 목숨이 수없이 사라졌습니다. 중국, 동남아시아, 태평양의 섬들 등 전장이 되었던 지역에서는 전투뿐만 아니라 식량난 등으로 인해 많은 무고한 사람들이 고통받고 희생되었습니다. 전장의 그늘에는 명예와 존엄에 깊은 상처를 입은 여성들이 있었던 것도 잊어서는 안 됩니다.

아무런 죄도 없는 사람들에게 헤아릴 수 없는 손해와 고통을 우리나라가 주었다는 사실. 역사란 실로 돌이킬 수 없는 가열한 것입니다. 한 사람 한 사람에게 각각의 인생이 있고, 꿈이 있고, 사랑하는 가족이 있었습니다. 이 당연한 사실을 곱씹어볼 때 지금 다시 할 말을 잃고 그저 단장의 염을 금할 수 없습니다.

이만큼이나 많은 고귀한 희생 위에 현재의 평화가 있습니다. 이것은 전후 일본의 원점입니다.

다시는 전쟁의 참화를 반복해서는 안 됩니다.

사변, 침략, 전쟁. 어떠한 무력의 위협이나 행사도 국제분쟁을 해결하는 수단으로서는 두 번 다시 사용되어서는 안 됩니다. 식민지 지배와 영원히 결별하고 모든 민족의 자결의 권리가 존중받는 세계가 되지 않으면 안 됩니다.

앞선 대전에 대한 깊은 회오(悔悟)의 마음과 함께 우리나라는 그렇게 맹세했습니다. 자유롭고 민주적인 나라를 만들어 법의 지배를 중시하고 오로지 부전의 맹세를 견지해 왔습니다. 70년에 걸친 평화국가로서의 행보에 우리들은 조용한 긍지를 가지면서 이 변치 않는 방침을 앞으로도 관철시켜 나가겠습니다.

우리나라는 앞선 대전에서 한 일에 대해 거듭 통절한 반성과 마음으로부터의 사죄의 마음을 표명해 왔습니다. 이러한 마음을 실제 행동으로 보여주기 위해 인도네시아, 필리핀을 비롯한 동남아시아 나라들, 대만, 한국, 중국 등 이웃 아시아 사람들이 걸어온 고난의 역사를 가슴에 새기고 전후 일관되게 그 평화와 번영을 위해 힘을 다해 왔습니다.

이러한 역대 내각의 입장은 앞으로도 흔들림이 없을 것입니다.

다만 우리들이 어떠한 노력을 다하더라도 가족을 잃은 분들의 슬픔, 전화로 도탄의 고통을 맛본 사람들의 아픈 기억은 앞으로도 절대 아물지는 않을 것입니다.

그러니 우리들은 마음에 새겨야 합니다.

전후 600만 명이 넘는 사람들이 아시아·태평양 각지에서 무사귀환하여 일본 재건의 원동력이 되었다는 사실을. 중국에 버려진 3000명 가까운 일본인의 아이들이 무사히 성장해 다시 조국의 땅을 밟을 수 있었다는 사실을. 미국이나 영국, 네덜란드, 호주 등의 포로였던 이들이 오랜 기간에 걸쳐 일본을 방문하여 서로의 전사자를 위한 위령을 계속해주고 있다는 사실을.

전쟁의 온갖 고통을 맛본 중국인 여러분이나 일본군에 의해 참기 힘든 고통을 당한 포로 여러분들이 이렇게까지 관대하기까지 얼마만큼의 마음 속 갈등이 있었고 어느 정도의 노력이 필요했는지.

이러한 것을 우리는 생각하지 않으면 안 됩니다.

관용의 마음으로 일본은 전후 국제사회로 복귀할 수 있었습니다. 전후 70년을 계기로 우리나라는 화해를 위해 힘을 기울여준 모든 나라, 모든 분들께 진심으로 감사의 마음을 표하고 싶습니다.

일본에서는 전후에 태어난 세대가 지금은 인구의 80%를 넘습니다. 그 전쟁 과는 아무런 관련이 없는 우리들의 아이들과 손자, 그리고 미래 세대의 아이들에게 계속 사죄해야 하는 숙명을 짊어지게 해서는 안 됩니다. 하지만 우리 일본인은 세대를 넘어 과거의 역사와 정면으로 마주보지 않으면 안 됩니다. 겸허한 마음으로 과거를 이어받아 미래에 물려줄 책임이 있습니다.

우리들의 부모, 그리고 그 부모 세대는 전후의 폐허와 가난의 밑바닥에서 생명을 이어갈 수 있었습니다. 그리고 현재 우리 세대, 나아가 다음 세대들로 미래를 이어나갈 수 있습니다. 그것은 앞선 세대들의 꾸준한 노력과 더불어 적으로서 치열하게 싸운 미국, 호주, 유럽 각국을 비롯해 정말 많은 나라들로부터 은혜와 원수를 초월한 선의와 지원의 손길이 뻗친 덕분입니다.

이것을 우리는 미래에 계속 말하여 이어나가지 않으면 안 됩니다. 역사의 교훈을 깊이 가슴에 새기고 더 나은 미래를 열어 나간다, 아시아 그리고 세계 평화와 번영에 힘을 다한다, 이러한 큰 책임이 있습니다.

우리는 스스로의 한계를 힘으로 타개하려 했던 과거를 가슴에 계속 새기겠습니다. 그렇기 때문에 우리나라는 어떤 분쟁에서도 법의 지배를 존중하고 힘의 행사가 아니라 평화적, 외교적으로 해결해야 합니다. 이 원칙을 앞으로도 굳건히 지키면서 세계 각국에도 호소하겠습니다. 유일한 전쟁피폭국으로서 핵무기 비확산과 궁극적인 폐기를 목표로 국제사회에서 그 책임을 다해 나가겠습니다.

우리는 20세기 전쟁하에서 많은 여성들의 존엄과 명예가 깊이 상처받은 과거를 가슴에 계속 새기겠습니다. 그렇기 때문이야말로 우리나라는 이러한 여성들의 마음에 항상 다가가는 나라가 되고 싶습니다. 21세기야말로 여성의 인권이 상처받는 일이 없는 세기로 만들기 위해 세계를 이끌어 가겠습니다.

우리는 경제 블록화가 분쟁의 싹을 키운 과거를 이 가슴에 계속 새기겠습니다. 그렇기 때문이야말로 우리나라는 어떤 나라에도 함부로 좌우되지 않고 자유롭고 공정하고 열린 국제 경제 시스템을 발전시키고 개발도상국 지원을 강화해 세계의 번영을 견인해 나가겠습니다. 번영이야말로 평화의 초석입니다. 폭력의 온상이 되기도 하는 빈곤에 맞서 세계의 모든 사람들에게 의료와 교육, 자립의 기회를 제공하고자 더욱 힘을 쓰겠습니다.

우리는 국제 질서에 대한 도전자가 돼 버린 과거를 이 가슴에 계속 새기겠습니다. 일본은 자유, 민주주의, 인권과 같은 기본적 가치를 확고하게 견지하고, 그 가치를 공유하는 국가들과 손잡고 '적극적 평화주의'의 기치를 높이 들고 세계 평화와 번영에 지금 이상으로 공헌하겠습니다.

종전 80년, 90년, 나아가 100년을 향해 이러한 일본을 국민 여러분과 함께 만들어 가겠습니다. 그 결의입니다.

아베 신조 내각총리대신

# 감사를 담아

일본군 '위안부' 문제 웹사이트가 여러분들 덕분에 2주년을 맞이했습니다. 그리고 Fight for Justice Booklet 1『「慰安婦」·强制·性奴隷 あなたの疑問に答えます』와 Booklet 2『性奴隷とは何か シンポジウム全記録』에 이어 세 번째로 이 책을 간행하게 되었습니다. 최종 편집을 하던 중 아베 담화가 발표되었기 때문에 급히 Q&A를 추가했습니다. (Q 24)

이 책이 간행되기까지 많은 분들의 협력이 있었습니다. 우선 윤정옥 선생님과 한홍구 선생님은 이 책을 위해 인터뷰에 응해 주셨습니다. 김서경, 김운성 작가는 평화비/평화의 소녀상 지도와 함께 칼럼에 수록된 귀중한 사진과 자료를 제공해 주셨고, 액티브 뮤지엄 〈여성들의 전쟁과 평화자료관〉(wam)은 〈조선인 '위안부' 연행지 지도〉 전재를 흔쾌히 승낙해 주었습니다.

윤석남 작가는 북릿 1, 2에 이어 이번 책에도 표지 그림을 제공해 주셨습니다. 주로 과거와 현재의 여성의 역사를 잇는 '내미는 손'을 모티브로 한 작품을 그리시는데, 이번 그림에는 그 '내미는 손'으로 남성중심주의적, 문서주의적 역사인식에 맞서 사과로 형상된 역사를 따고 있는 듯한 모습이 담겨 있습니다. 마지막으로 녹록지 않은 출판 사정에도 세 권의 북릿 출판을 모두 맡아준 출판사 오차노미즈쇼보의 하시모토 세사쿠 대표와 꼼꼼하게 편집해 준 바람공방의 오카모토 유카 씨에게 감사 드립니다.

2015년 9월 1일

일본군 '위안부' 문제 웹사이트 제작위원회

# 집필자 프로필

## [ 책임편집 ]

● **이타가키 류타**板垣竜太

한국근현대사회사, 문화인류학. 도시샤대학 사회학부 교수. 저서『한국 근대의 역사민족지』(혜안), 공저『동아시아 기억의 장』(삼인),『한국과 일본의 새로운 시작』(뷰스) 등.

● **김부자**金富子

젠더역사·젠더론, 식민지기 조선교육사. 도쿄외국어대학 대학원 교수. 공저『〈平和の少女像〉はなぜ座り続けるのか』(世織書房), 저서『학교 밖의 조선여성들』(일조각), 공저『그들은 왜 일본군 '위안부'를 공격하는가』(휴머니스트). 공저『군대와 성폭력-한반도의 20세기』(선인) 등.

## [ 집필자(게재순) ]

● **송연옥**宋連玉

조선근현대 젠더사. 아오야마가쿠인대학 교수, 저서『脱帝国のフェミニズムを求めて』(有志舍), 공저『군대와 성폭력－한반도의 20세기』(선인) 등.

● **니시노 루미코**西野瑠美子

프리 저널리스트. 일본 저널리스트회의JCJ상 등 수상. 〈전쟁과 여성에 대한 폭력〉리서치 액션센터(VAWW RAC)공동대표. '위안부'문제 웹사이트제작위원회 공동대표.
저서『「日本人」慰安婦—愛国心と人身売買と』(現代書館), 공저『그들은 왜 일본군 '위안부'를 공격하는가』(휴머니스트),『731부대 이야기』(예림당) 등.

● **하야시 히로부미**林博史

현대사, 전쟁·군대론. 간토가쿠인대학 교수. 일본의 전쟁책임자료센터 연구사무국장. 저서『共同研究 日本軍慰安婦』(吉見義明·林博史 編著, 大月書店),『日本軍「慰安婦」問題の核心』(花伝社), 공저『그들은 왜 일본군 '위안부'를 공격하는가』(휴머니스트) 등.

● **요시미 요시아키**吉見義明

일본현대사. 주오대학 교수. '위안부' 문제 웹사이트제작위원회 공동대표. 저서『일본군 군대위안부』(소화),『일본군 '위안부' : 그 역사의 진실 』(역사공간), 공저『그들은 왜 일본군 '위안부'를 공격하는가』(휴머니스트) 등.

● 양징자梁澄子

일본군 '위안부' 문제해결 전국행동 공동대표. 전쟁과 여성 인권박물관(WHR)일본후원회 대표. 〈YOSHIMI재판 함께 액션!〉 공동대표. 통역·번역·한국어 강사. 저서『オレの心は負けてない』(樹の花舎), 공저『그들은 왜 일본군 '위안부'를 공격하는가』(휴머니스트) 등.

● 정영환鄭栄桓

조선근현대사, 재일조선인사. 메이지가쿠인대학 교양교육센터 준교수. 저서『朝鮮独立への隘路 : 在日朝鮮人の解放五年史』(法政大学出版局), 공저『植民地朝鮮 : その現実と解放への道』(東京堂出版), 논문「일본군 '위안부' 문제와 1965년 체제의 재심판 : 박유하『제국의 위안부』비판」(『역사비평』111호, 2015) 등.

● 가토 케키加藤圭木

조선근현대사. 히토츠바시대학 대학원 사회학연구과 전임강사. 박사(사회학). 〈YOSHIMI 재판 함께 액션!〉 사무국장. 논문「日露戦争以降の朝鮮における軍事基地建設と地域 : 永興湾を対象として」, 『一橋社会科学』5卷, 2013 등.

● 오가와라 히로유키小川原宏幸

근대조일관계사. 도시샤대학 글로벌지역문화학부 준교수. 저서『이토 히로부미의 한국 병합 구상과 조선 사회』(열린책들), 공저『대한제국과 한일 관계』(경인문화사) , 공저『近代日朝関係史』(有志舎) 등.

● 신창우愼蒼宇

조선근대사, 조일관계사. 호세대학 사회학부 준교수. 저서『植民地朝鮮の警察と民衆世界 (1894-1919) : 「近代」と「伝統」をめぐる政治文化』(有志舎), 공저『薩摩·朝鮮陶工村の四百年』(岩波書店), 『講座東アジアの知識人』1·2(有志舎) 등.

● 마츠모토 타케노리松本武祝

조선근대농촌사연구, 도쿄대학대학원 농학생명과학연구과 교수. 저서『植民地期朝鮮の水利組合事業』(未来社), 『植民地権力と朝鮮農民』(社会評論社), 『조선농촌의 식민지 근대 경험』(논형) 등.

● 도노무라 마사루外村大

일본근현대사. 도쿄대학대학원 종합문화연구과 교수. 저서『朝鮮人強制連行』(岩波新書), 『재일 조선인 사회의 역사학적 연구』(논형) 등.

## ● 요시자와 후미토시 吉澤文寿

조선현대사, 조일관계사연구. 니가타국제정보대학 국제학부 교수. 저서『日韓会談1965：戦後
日韓関係の原点を検証する』(高文研),『〔新装新版〕戦後日韓関係：国交正常化交渉をめぐって』
(クレイン), 공저『그들은 왜 일본군 '위안부'를 공격하는가』(휴머니스트) 등.

## ● 오카모토 유카 岡本有佳

편집자, 문화기획자. 계간지『前夜』편집장 등을 거쳐 프리랜서. 바람공방(風工房) 주관. 일본군
'위안부' 문제 웹사이트 Fight for Justice 운영위원. 〈표현의 부자유전〉 공동대표. 다큐멘터리
〈60만 번의 트라이〉 공동프로듀서. 공저『〈平和の少女像〉はなぜ座り続けるのか』(世織書房),
『일본 소출판사 순례기』(한국출판마케팅연구소) 등.


[ 인터뷰 ]

## ● 윤정옥 尹貞玉

이화여자대학교 영문학과 명예교수, 한국정신대문제대책협의회 전 공동대표

## ● 한홍구 韓洪九

1959년 서울 출생. 성공회대학교 교양학부 교수. 평화박물관 창립 멤버. 양심적 병역거부운동
등, 한반도의 분단과 한국사회에 뿌리깊이 박혀있는 군국주의의 문제를 타개하기 위한 다양한
활동에 참여하고 있다. 저서『대한민국史1~4』,『한홍구와 함께 걷다』,『유신』,『역사와 책임』,『한
홍구의 한국 현대사 이야기 특강』등 다수.


[ 협력 ]

○ 일본군 위안소 지도
　액티브 뮤지엄 '여성들의 전쟁과 평화 자료관'
○ 평화의 소녀상(평화비) 건립 지도
　자료 제공 : 김서경, 김운성 / 협력 : 한국정신대문제대책협의회 / 작성 : 안세홍, 오카모토 유카
○ 사진 제공 : 한국정신대문제대책협의회, 안세홍, 김서경, 김운성, 柴洋子, 土井敏邦, 古川美佳
○ 인터뷰 번역 : 김부자, 김영, 오카모토 유카
○ 일러스트 : 壱花花
○ Fight for Justice 사이트 제작 : 岡本有佳　松浦敏尚　成田圭祐(디자인)

■ 일본군 '위안부' 문제 웹사이트
"Fight for Justice－日本軍「慰安婦」: 忘却への抵抗・未来への責任(일본군 '위안부' : 망각에 대한 저항·미래에 대한 책임)"
일본군 '위안부' 문제의 해결을 지향하고 일본군 '위안부' 제도에 관한 역사적 사실관계와 책임의 소재를 자료와 증언 등 명확한 근거를 통해 제공하는 것을 목적으로 만든 웹사이트입니다. 시민들의 모금으로 운영되고 있습니다.
http://fightforjustice.info

# <평화의 소녀상(평화비)> 건립 지도

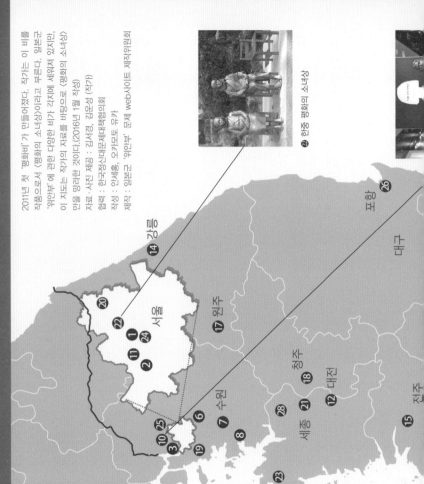

2011년 첫 '평화비'가 만들어졌다. 작가는 이 비를 작품으로서 <평화의 소녀상>이라고 부른다. 일본군 '위안부' 에 관한 다양한 비가 각지에 세워져 있지만, 이 지도는 작가의 자료를 바탕으로 <평화의 소녀상>
만들 명과한 것이다.(2016년 1월 작성)
자료·사진 제공 : 김서경, 김운성 (작가)
협력 : 한국정신대문제대책협의회
작성 : 안세홍, 오가도등 유카
제작 : 일본군 '위안부' 문제 web사이트 제작위원회

❷ 한중 평화의 소녀상

소재지/장소
건립 날짜
주최(연도 사람.단체)

❶ 서울시/일본대사관 앞 평화로
2011.12.14.
한국정신대문제대책협의회, 대한민국 국민

❷ 서울시 마포구/전쟁과여성인권박물관
2012.5.5.
한국정신대문제대책협의회

❸ 경기도 고양시/일산미관광장
2013.5.2
고양시민

❹ 미국 캘리포니아 글렌 데일시/중앙도서관 앞 공원
2013.7.30.
글렌데일시 한미 포럼

❺ 경남 거제시/거제문화예술회관 소공원
2014.1.17.
거제 일본군 위안부 피해자 추모비 건립추진위원회
일본군 위안부 할머니와 함께 하는 통영 거제시민모임

❻ 경기도 성남시/성남시청 앞
2014.4.15.
성남시민

❼ 경기도 수원시/올림픽공원
2014.5.3.
수원 평화비 건립추진위원회

❽ 경기도 화성시/동탄센트럴파크

미사진주 위안부 소녀상 건립위원회

⑩ 경기도 고양시/ 국립여성사전시관 (김학순 할머님)
2014.9.1.
여성사 박물관

⑪ 서울시/이화여자대학교 앞 대원문화공원
2014.12.24.
대학-생이 세우는 평화비 건립위원회

⑫ 대전시/보라매근린공원
2015.3.1.
대전시/대전 평화의 소녀상 건립시민추진위원회

⑬ 울산시/울산대공원
2015.3.1.
평화의 소녀상 건립을 위한 원회 울산시민운동본부

⑭ 강원도 강릉시/경포 3.1운동기념공원
2015.8.5.
강릉시민

⑮ 전남 전주시/기억의 광장(전주풍남문 광장)
2015.8.13.
평화의 소녀상 건립시민추진위원회

⑯ 경남 남해군/숙이공원
2015.8.14.
남해군민

⑰ 강원도 원주시/ 원주시청 공원
2015.8.15.
원주평화의 소녀상 건립 범시민추진위원회

⑱ 충북 청주시/청주 청소년 광장
2015.8.15.
청주 평화비 추진위원회

⑲ 경기도 광명시/광명동굴 입구
2015.8.15.
광명 평화의 소녀상 건립추진위원회

⑳ 서울시 노원구/마들근린공원
2015.8.25.
노원구

㉑ 세종시/ 세종호수공원
2015.10.3.
세종 평화의 소녀상 건립시민추진위원회

㉒ 서울시 성북구/ 한성대입구역 6번 출구
(한중 평화의 소녀상)
2015.10.28.
한중 평화의소녀상 건립과 인권증진을
위한 성북평화운동위원회
성북구민 / Global Alliance for Pre-
serving the History of WW II in Asia

㉓ 충남 서산시/서산시청 앞 공원
2015.10.30.
서산시민

㉔ 서울시 중구 정동/ 프란체스코성당
2015.11.3.
고등학생이 함께 만든 평화의 소녀상

㉕ 경기도 의정부시/의정부부 5-1번 출구
2015.11.7.
의정부 평화비 건립추진위원회

㉖ 경북 포항시/ 환호공원
2015.11.17.
포항 평화의 소녀상 건립시민추진위원회

㉗ 캐나다 토론토/한인회관
2015.11.18.
캐나다 토론토시 한인, 대한민국 화성시민

㉘ 충남 천안시/ 동남구 신부공원
2015.12.10.
천안 평화의 소녀상 건립시민추진위원회

㉙ 전남 해남군/해남공원
2015.12.12.
해남 평화비 건립시민추진위

㉚ 제주도 제주시/방일리공원
2015.12.19.
2015 제주, 대학생이 세우는 평화비 건립
추진위

광주
해남 ㉙
제주 ㉚
남해 ⑯
거제 ⑤
미국 ④⑨
캐나다 ㉗